1 Ernährung bei Laktoseintoleranz

Diese Empfehlungen bitte immer mit Ernährungsberater/in, Arzt oder Diätologen/in absprechen! Die Rezepte und Zutatenlisten unterstützen die medizinischen Therapien.

Die Kalorienangaben frischer Zutaten (Obst und Gemüse) und die Inhaltsstoffe schwanken je nach Qualität und Erntezeit. Die Inhalte wurden von einer Diätologin und einer Ernährungsberaterin für die Traditionelle Chinesische Medizin (TCM) geprüft.

Autor:
©2022 Josef Miligui
Liebe Leserinnen und Leser, ich wünsche Ihnen viel Erfolg und gutes Gelingen bei der Umstellung Ihrer Ernährung. Dieses Buch wurde aus eigener Erfahrung mit Krankheit und Ernährung geschrieben und ich habe schon immer das Zubereiten guter Speisen geschätzt. Wenn Sie nicht so geübt sind im Kochen, empfiehlt sich ein Kurs bei Ernährungsberatern oder Diätologen, die Ihnen die Grundlagen der Kochmethoden sowie die richtige Verarbeitung der Zutaten vermitteln können. Anhand der Lebensmittellisten aus diesem Buch können Sie weitere Rezepte entwickeln und entdecken.

Quelle:
Die Listen werden aus der EBNS-Datenbank für die Ernährungsberatung generiert. Die Datenbank wird von Ernährungsberater, Therapeuten und Ärzte für die Beratung der Patienten/Klienten verwendet und ermöglicht eine Kombination mehrerer Syndrome.

Literaturliste:
Wir haben die Unterlagen als Wissensbasis genutzt und an unsere Erfahrungen angepasst und ergänzt.
www.ebns.at

Herstellung und Verlag:
BoD – Books on Demand, Norderstedt
ISBN: 9783839153819

DIÄTETIK - Gastrointestinaltrakt - Dünndarm und Dickdarm - Erworbene Laktoseintoleranz (Laktosemalabsorption)

(Buch: 020)

1.1 Vorwort

Die Weltgesundheitsorganisation (WHO) davon spricht, dass bis zu 80% der Erkrankungen durch äußere Faktoren wie Ernährung, Lebensstil, Umweltgifte und dergleichen beeinflusst werden.

Welche Faktoren also jeder einzelne von uns aktiv beeinflussen kann und somit seine Chancen auf Erhöhung der allgemein Gesundheit erzielen kann, darum geht es auf den folgenden Seiten.

Der Fokus in diesem Buch liegt auf dem Faktor mit der größten Hebelwirkung - der Ernährung.
Schon Hippokrates hat einst gesagt "Lass die Nahrung deine Medizin sein und Medizin deine Nahrung!" Kräuterpädagog:innen heute sagen so: "Es gibt für jede Krankheit das richtige Kraut."

Egal wie wir es drehen und wenden, wir sind was wir essen (und was unser Essen gegessen hat). Der moderne Mensch sieht sich gerne isoliert von seiner Umwelt. Wir entstehen aus unserer Umwelt, wir leben inmitten von ihr und wenn wir sterben gehen wir wieder in unsere Umwelt über. Während wir leben essen wir das, was in unserer Umwelt wächst (oder in Fabriken chemisch erzeugt wird). Diese Nahrung liefert die Energie und Bausteine, für den eigenen Körper, für den Stoffwechsel, Zellerneuerung, den Hormonhaushalt und damit für unser gesamtes Sein, die Gesundheit und unser Empfinden.

Hier ein paar Grundbausteine, bevor in dem Buch noch näher auf Ernährungsfaktoren eingegangen wird, die sozusagen der kleinste gemeinsame Nenner der meisten Ernährungsphilosophien sind:

- Saisonalität
    - Winterpflanzen, wie zum Beispiel verschiedene Kohlgewächse, versorgen uns mit Unmengen von Vitamin C und Bitterstoffen. Zwei Faktoren, die unser Immunsystem bei der Abwehr von der Kälte und den typischen Infekten in der Winterzeit unterstützen.
    - Sommerpflanzen wie zum Beispiel Gurken, Tomaten aber auch Zitrusfrüchte kühlen unseren aufgeheizten Körper und versorgen uns mit viel Wasser.
    - Außerdem müssen bei saisonalen Pflanzen weniger chemische Helferlein eingesetzt werden, da die passenden Umweltfaktoren das Wachstum sowieso fördern.
- Regionalität
    - Damit einher geht auch der Faktor der Regionalität. Regionale pflanzliche Lebensmittel werden reif geerntet und haben somit alle Nährstoffe entwickeln können. Im Gegensatz dazu wird Obst und Gemüse aus ferneren Ländern unreif geerntet und nur durch den Einsatz von chemischen Mitteln unnatürlich "nachgereift" - bzw. nur nach-gefärbt. Die Dichte der Nährstoffe und auch der Geschmack kann dabei niemals mit regionalen Lebensmitteln mithalten. (Sie haben es vielleicht schon selber erlebt, dass eine Südfrucht aus dem jeweiligen Ursprungsland dort im Urlaub viel süßer und vollmundiger schmeckt als die gleiche Frucht aus dem zentraleuropäischen Supermarkt).

- Pflanzenbasierte Ernährung
  - Ja, diese Basis teilen selbst die Anhänger der Fleischdiät mit den Veganern. Denn bei der Fleischdiät geht es auch um Fleisch von Tieren, die sich artgerecht, sprich von vielen Gräsern und Kräutern ernährt haben. Die Masse an Getreide in der heutigen Ernährung - egal ob bei Mensch oder Tier - entspricht nicht der natürlichen Ernährungsweise. Sie macht uns krank, dick und manche behaupten sogar dumm (das weist auf die Schädigung der neuronalen Netzwerke hin, die durch den Konsum von Kohlenhydraten passiert hin). Pflanzen im Sinne von Gemüse, Kräutern, Salaten, Sprossen, in geringen Mengen Obst, Nüsse, Samen, etc. liefern neben den viel beschriebenen Vitaminen und Mineralstoffen vor allem sekundäre Pflanzenstoffe, die herausragende Heilwirkung haben. So werden eine Vielzahl unserer Medikamente auf Basis der natürlich vorkommenden Pflanzenstoffe nachgebaut. Allerdings sind da diverse Säuren und andere Wirkstoffe extrahiert und wirken nur alleine - mit den Pflanzen selbst nehmen wir sie in einer reichhaltigen und sich gegenseitig verstärkenden Kombination vielerlei wirksamer Stoffe zu uns.

Ja zusätzlich zu diesen 3 großen Punkten gibt es immer noch sehr viel zu beachten. Ein optimales Verhältnis von Omega 3 zu Omega 6 Fettsäuren (empfohlen wird 1:3), eine individuell und situationsbedingte Eiweißversorgung und so weiter.

Eine ganz gute und einfache Richtlinie für die alltägliche Ernährung bietet der ideale Teller. Der sieht so aus, dass möglichst jede Mahlzeit zur Hälfte aus pflanzlichen Bestandteilen besteht, ein Viertel der Eiweißversorgung dient und ein Viertel die Mahlzeit durch gute Fette und eventuell Kohlenhydrate abrundet.

Die Feinjustierung rund um die Zubereitungsarten, die Zusammenstellungen und so weiter sehe ich als sehr individuell an. Es gibt meines Erachtens nicht die 1 perfekte Ernährung. Es gibt so viele großartige Philosophien und Studien, die alle wunderbare Heilungen berichten und sich dabei aber gegenseitig ausschließen. Was auf den ersten Blick vielleicht paradox wirkt, eröffnet bei näherer Betrachtung ganz viele Möglichkeiten des Probierens und neuer Chancen.

Neben der Ernährung werden noch folgende Faktoren genannt:

- die Giftstoffbelastung in unserer Umwelt sowie in Pflegeprodukten oder eben in der Ernährung
- eine Balance aus Aktivität, (kurzzeitigem) Stress und der Entspannung wie auch Schlaf
- Aufarbeitung der emotionalen Wunden aus der Vergangenheit und Steigerung der Resilienz
- Biologische Zahnheilkunde
- eine optimierte Versorgung durch Heilkräuter, Heilpilze udgl.
- Früherkennung durch bewährte und schonende Verfahren

1.2 Beschreibung

Eine Laktoseintoleranz ist eine Milchzuckerunverträglichkeit, bei der ein Bestandteil der Milch, die Laktose (= Milchzucker), Unverträglichkeiten hervorruft. Der Schweregrad ist individuell sehr unterschiedlich. Er hängt u.a. davon ab, ob die Laktase (Milchzuckerspaltendes Enzym) völlig fehlt oder ob noch eine Restfunktion vorhanden ist.
Ursache für die Milchzuckerunverträglichkeit ist das Fehlen bzw. die unzureichende Produktion des Verdauungsenzyms Laktase. Dieses ist notwendig, um den Milchzucker in seine Einzelbestandteile (Glucose + Galaktose) zu spalten, die dann in das Blut aufgenommen werden können.
Das Verdauungsenzym Laktase kommt in der Dünndarmschleimhaut vor. Wird der Milchzucker nicht gespalten und gelangen größere Mengen in untere, mit Bakterien besiedelte Darmabschnitte, dient der Milchzucker den Bakterien als Nährsubstrat. Es entstehen große Mengen an Gasen und organischen Säuren. Diese bewirken ein Einströmen von Wasser in den Darm sowie vermehrte Darmbewegungen.

Die Verträglichkeit von Laktose ist von Person zu Person unterschiedlich.

1.3 Therapiestrategie

Das Prinzip der Ernährungstherapie besteht in der Einschränkung bzw. Verzicht beim Verzehr von Milch und –produkten, sowie von Lebensmitteln, die solche enthalten. Obwohl Sauermilchprodukte (Joghurt, Dickmilch, Kefir etc.) relativ große Mengen Milchzucker enthalten (siehe Laktosegehalt von Lebensmitteln), werden sie häufig gut vertragen. Grund hierfür sind die Milchsäurebakterien, die größere Mengen Milchzucker abbauen. Joghurt usw.. werden folglich besser vertragen, wenn sie schon etwas alter sind und die Bakterien bereits mehr Zeit gehabt haben, um den Milchzucker abzubauen.

Ähnliches gilt für die Verträglichkeit vieler Käsesorten, da der Milchzucker bei der Käseherstellung durch Fermentation weitgehend abgebaut wird. Es ist für die Ernährungspraxis von Bedeutung, wenn Sauermilch- und Käseprodukte verzehrt werden können, da hierdurch zumindest ein Teil des Calciumbedarfs gedeckt wird. Außerdem sorgen Sauermilchprodukte für eine gut funktionierende Darmflora.

Als Ersatz zu herkömmlicher Milch und Milchprodukten können laktosefreie Produkte gewählt werden (hier wurde der Zucker schon gespalten) oder Soja-, Reis- und Hafermilchprodukte. Schaf-, Ziegen- und Stutenmilch enthalten ebenfalls Laktose. Auch in Wurst, Fertigprodukten und Medikamenten kann Laktose als Bindemittel enthalten sein.

1.4 Vermeiden

Milch/Milchprodukte, Käse*, Trockenmilch, Pudding, Mixgetränke, Kakao, Süßspeisen, Kaffeeweißer, Kondensmilch, Sahne, Sauerrahm, Dickmilch*, Kefir*, Joghurt*, Sauermilch*, Molke*, Topfen, Hüttenkäse, Schmelzkäse.

Brot/Backwaren mit Milch, Milchpulver könnte enthalten sein in: Brot- u. Kuchenbackmischungen, Milchbrötchen, Waffeln, Kuchen, Kekse, Knäckebrot, Kräcker.

Fertiggerichte: Pizza, Tiefkühlfertiggerichte, Konserven, Fleisch- oder Gemüsezubereitungen.

Süßwaren: Eiscreme, Schokolade, Sahne- und Karamellbonbons, süße Riegel, Nougat, Nuss-Nougat-Creme, Pralinen.

Fleisch/Wurstwaren: Würstchen (z.B. Brühwürste), Leberwurst, fettreduzierte Wurstwaren, Wurstkonserven.

Instant-Erzeugnisse: Instant-Suppen, Instant-Soßen, Instant-Cremes, Kartoffelpüree Pulver, Knödelpulver, Bratling Mischungen.

Fertigsoßen: Gourmetsoßen, Grillsoßen, Salatsoßen, Mayonnaise.

Weitere Produkte: Müslimischungen, Margarineprodukte, Streichcremes.

2 Speiseplan

2.1 Frühstück

2.2 Mittag

2.3 Nachmittag

2.4 Abend

3   Rezepte

empfehlenswert = Sie können mehr verwenden
wenig = wenn möglich weniger verwenden
weniger als angegeben = möglichst nicht verwenden

3.1   8 Schätze Reis

Harntreibend, erwärmt den Körper von innen, erweitert die Gefäße,
stärkt die Muskeln, reguliert Innenorganfunktionen, stärkt Milz, lindert
Diarrhö, reduziert Ausfluss, baut Lunge, Milz und Nieren auf, beruhigt
Nerven.

Anzahl Portionen: 4
Kalorien p. Portion 213
Gramm p. Portion   266,25
Kochdauer ca.   1 Stunde
(Kohlehydrat:89,13% / Eiweiß & Fett:10,87%)
100g.≈ Eiweiß 4,52g. Fett:1,32g.
µg. - Ph:18,36 Na:0,75 Ka:8,74 Mg:9,04 Ca:2,25 Fe:0,15 Zn:0,03 Col.:0 Hsr.:7,57

Zutaten:

Lilienzwiebel 1 EL / 5g. ()
Longane 1 EL / 5g. (ja)
Weißwurz 1 EL / 5g. (ja)
Yamswurzel, Yamswurzelknolle 1 EL / 5g. (ja)
Hiobsträne (Samen) YiYi Ren 1 EL / 5g. (ja)
Reis Wilder (Naturreis) 2 Tassen / 240g. (empfehlenswert)
Wasser 8-10 Tassen / 800g. (ja)

Kochanleitung:

Je 1 EL: Bai He (Lilienzwiebel), Longan (Longan/Drachenaugenfrucht),
Yu Zhu (Wohlriechender Weißwurz-Wurzelstock), Da Zao, Shan Yao
(Yamswurzel, Yamswurzelknolle), Lian Mi, Yi Yi Ren (Samen der
Hiobsträne), Qian Shi (Makanasternsamen)Mit heißem Wasser
übergießen und ca. 30 Min. einweichen. Anschließend: 1-2 Tassen
Reis (normal) hinzufügen und ½ bis 1 Std. köcheln, bis der Reis sehr
weich ist. Oder: Aus Vollwertreis ca. 3 Std. lang zusammen mit den
Kräutern ein Congee kochen. Dann müssen die Kräuter nicht
eingeweicht werden.

3.2 Andalusischer Fischtopf

Stärkt Immunsystem, beugt Krebs vor, löst Stagnation, fördert Gewichtsabnahme, regt Appetit an. Gut bei Abwehrschwäche, Appetitlosigkeit, Blähungen, Bluthochdruck, Depressionen, Diabetes, Durchfall.

Anzahl Portionen: 4
Kalorien p. Portion 348
Gramm p. Portion 355,05
Kochdauer ca. 30 Min.
Allergene: ADLO
(Kohlehydrat:71,39% / Eiweiß & Fett:28,61%)
100g.≈ Eiweiß 20,04g. Fett:6,52g.
µg. - Ph:15,55 Na:20,18 Ka:34,69 Mg:13,44 Ca:42,9 Fe:0,13 Zn:0,02 Col.:0,79 Hsr.:9,89

Zutaten:
Grundrezept für eine Gemüsebrühe nahrhaft 500 ml. / 500g. (ja)
Zwiebel Frühlingszwiebel 2 Stück / 40g. (ja)
Olivenöl 1 EL / 20g. (ja)
Zitrone Schale 1/2 Stück / 3g. (ja)
Lorbeerblatt 1 Stück / 1g. (ja)
Kartoffel 200 g / 200g. (ja)
Kabeljau 300 g. / 300g. (empfehlenswert)
Weißwein 4 EL / 80g. (wenig)
Zitrone Saft 1/2 EL / 10g. (ja)
Salz 1 Prise / 1g. (wenig)
Pfeffer gemahlen 1 Prise / 0,2g. ()
Petersilie 1 EL / 15g. (ja)
Weißbrot (Weizenbrot) 8 Scheiben / 250g. (wenig)

Kochanleitung:
Gemüsebrühe mit kleingeschnittenen Frühlingszwiebeln, Olivenöl, abgeriebener Zitronenschale und Lorbeerblatt zum Kochen bringen und zugedeckt 10 Min. kochen. Geschälte, kleingewürfelte Kartoffeln zufügen und in ca. 8 Min. fast weich kochen. Fischstücke und Weißwein zugeben und den Herd auf kleine Stufe schalten. In der leicht kochenden Brühe den Fisch in wenigen Minuten gar ziehen lassen. Mit Zitronensaft, Salz und Pfeffer abschmecken und mit Petersilie bestreut servieren. Als Beilage Weißbrot dazu reichen.

3.3 Aufgeschlagene Banane

2 x tgl. essen, reguliert Magen-Darm-Funktion, wirkt stopfend.
Anzahl Portionen: 1
Kalorien p. Portion 144
Gramm p. Portion   150
Kochdauer ca.   7 Min.
(Kohlehydrat:94,54% / Eiweiß & Fett:5,46%)
100g.≈ Eiweiß 1,65g. Fett:0,3g.
µg. - Ph:28 Na:1 Ka:393 Mg:36 Ca:9 Fe:0,6 Zn:0,2 Col.:0 Hsr.:25

Zutaten:
Banane 1 Stück / 150g. (ja)

Kochanleitung:
Banane mit der Gabel zerdrücken oder mit einem Mixstab pürieren.
Mindestens 5 Min. braun werden lassen.

3.4 Avocado mit Zitrone

Gut bei Schlafstörungen, Entzündungen, Schwellungen, Schmerzen
und Juckreiz, beruhigend.
Anzahl Portionen: 1
Kalorien p. Portion 290
Gramm p. Portion   131
Kochdauer ca.   5 Min.
(Kohlehydrat:16,54% / Eiweiß & Fett:83,46%)
100g.≈ Eiweiß 2,34g. Fett:28,24g.
µg. - Ph:37,02 Na:5,87 Ka:469,27 Mg:29,31 Ca:11,83 Fe:0,59 Zn:0,38 Col.:0 Hsr.:29,01

Zutaten:
Avocado 1/2 Stück / 120g. (ja)
Zitrone Saft 1/2 Stück / 10g. (ja)
Salz 1 Prise / 1g. (wenig)

Kochanleitung:
Avocado halbieren, Kern entfernen, Zitronensaft hineingießen, salzen
und auslöffeln.

3.5 Bananen-Sojamilch

Gut bei Appetitlosigkeit, Mundschleimhautentzündung. Stärkt
Körperenergie, fördert Verdauung, lindert Schmerzen, entgiftet,
bakterizid.

Anzahl Portionen: 2
Kalorien p. Portion 126
Gramm p. Portion 263
Kochdauer ca. 5 Min.
Allergene: E
(Kohlehydrat:59,53% / Eiweiß & Fett:40,47%)
100g.≈ Eiweiß 7,49g. Fett:4,14g.
µg. - Ph:21,94 Na:251,11 Ka:110,08 Mg:13,31 Ca:9,78 Fe:0,4 Zn:0,11 Col.:0 Hsr.:33,68

Zutaten:
Banane 1 Stück / 120g. (ja)
Sojabohnenmilch 400 ml. / 400g. (ja)
Honig 1 TL / 3g. (ja)
Zimtpulver 1 Prise / 1g. (ja)
Acerola Fruchtnektar oder Pulver 1 TL / 2g. (ja)

Kochanleitung:
Banane in Stücke schneiden, mit Sojamilch, Acerola, Honig und Zimt
mit dem Mixstab pürieren.

3.6 Basilikum-Pesto an Reis

Wärmt Magen und Milz, harmonisiert den Darm, stärkt Qi-Funktion,
reduziert Feuchtigkeit.

Anzahl Portionen: 4
Kalorien p. Portion 275
Gramm p. Portion 305,75
Kochdauer ca. 30 Min.
(Kohlehydrat:71,02% / Eiweiß & Fett:28,98%)
100g.≈ Eiweiß 5,72g. Fett:10,1g.
µg. - Ph:8,38 Na:0,53 Ka:9,66 Mg:4,34 Ca:2,19 Fe:0,09 Zn:0,02 Col.:0 Hsr.:5,34

Zutaten:
Reis Sorte beliebig 2 Tassen / 200g. (ja)
Wasser 1 Liter / 950g. (ja)
Knoblauch 4 große Zehen / 8g. (ja)
Basilikum 1 Handvoll / 15g. (ja)
Pinienkerne 3 EL / 30g. (ja)
Olivenöl 2 EL / 20g. (ja)

Kochanleitung:

Den Reis in gut 1 l Wasser kochen. Geschälten Knoblauch im Mörser fein zerdrücken oder reiben. Die Basilikumblätter zufügen und fein zerstampfen, danach die Pinienkerne etwas gröber zerstoßen. Zuletzt das Öl nach und nach zugeben, bis sich eine dicke Paste bildet. Pesto zum Reis geben und servieren.

3.7 Belugalinseneintopf mit Gemüse

Fördert Schwitzen, löst Stagnation, lindert Verstopfung, fördert Verdauung, produziert Muttermilch, regt Nerven an, entgiftet, lindert Entzündungen, verbessert Durchblutung, stärkt Herz und Nieren, harntreibend, beruhigt den Magen.

Anzahl Portionen: 5
Kalorien p. Portion 202
Gramm p. Portion 361,64
Kochdauer ca. 20 min.
(Kohlehydrat:50,85% / Eiweiß & Fett:49,15%)
100g.≈ Eiweiß 5,72g. Fett:8,35g.
µg. - Ph:7,14 Na:11,6 Ka:38,6 Mg:4,01 Ca:9,32 Fe:0,2 Zn:0,01 Col.:0,02 Hsr.:8,3

Zutaten:

Linsen (Helmbohnen) 2 Tassen / 240g. (empfehlenswert)
Wasser 4-5 Tassen / 500g. (ja)
Karotte (Mohrrübe, Möhre) 3 Stück / 150g. (empfehlenswert)
Lauch (Porree) 1 Stück / 300g. (ja)
Kohlrabi 1/2 Stück / 200g. (empfehlenswert)
Tomate 2 Stück / 80g. (empfehlenswert)
Zwiebel weiss 1 Stück / 50g. (ja)
Lorbeerblatt 2 Blatt / 1g. (ja)
Fenchel 1 Stück / 250g. (empfehlenswert)
Sternanis 2 Stück / 1g. (ja)
Wacholderbeere 6 Stück / 2g. (empfehlenswert)
Chili (Schote oder gemahlen) 1 Prise / 0,2g. (ja)
Olivenöl 3 EL / 30g. (ja)
Salz 1 Prise / 1g. (wenig)
Ingwer frisch 1/2 TL / 2g. (ja)
Schwarzkümmel 1 Prise / 1g. (ja)

Kochanleitung:

Die kleingeschnittene Zwiebel in einem Topf in Öl anbraten. Gewürfeltes Gemüse, Gewürze, Linsen (gut gewaschen) und Salz zugeben. Mit kaltem Wasser ausreichend (3 fingerbreit) bedeckt 20 Min. auf kleiner Stufe kochen. Mit frischen Kräutern und Schwarzkümmel bestreut servieren. Passt sehr gut zu Reis!

3.8   Bitter Lemon

Appetitanregend
Anzahl Portionen: 1
Kalorien p. Portion   130
Gramm p. Portion   250
Kochdauer ca.   5 Min.
(Kohlehydrat:92,75% / Eiweiß & Fett:7,25%)
100g.≈ Eiweiß 2,5g. Fett:0g.
µg. - Ph:6 Na:4 Ka:1 Mg:1 Ca:4 Fe:0 Zn:0 Col.:0 Hsr.:0

Zutaten:
Bitter Lemon 1 Glas / 250g. (ja)

3.9   Blattsalat mit Frischkäse

Die Bitterstoffe besitzen eine galle- und harntreibende Wirkung und
fördern die Durchblutung im Verdauungstrakt mit deutlicher
Verbesserung der gesamten Verdauungsfunktion. Senf verbessert
Schilddrüsenfunktion und lindert rheumatische Beschwerden.
Anzahl Portionen: 1
Kalorien p. Portion   802
Gramm p. Portion   260,5
Kochdauer ca.   5 min.
Allergene: AFM
(Kohlehydrat:20,86% / Eiweiß & Fett:79,14%)
100g.≈ Eiweiß 22,11g. Fett:52,98g.
µg. - Ph:138,56 Na:312,5 Ka:257,23 Mg:28,83 Ca:84,45 Fe:0,54 Zn:0,48 Col.:0,06
Hsr.:14,62

Zutaten:
Blattsalate (bitter) 2 Portionen / 60g. (empfehlenswert)
Frischkäse aus Soja 150 g. / 150g. (ja)
Senf 1 Messerspitze / 1g. (ja)
Zitrone Saft 1 Schuss / 3g. (ja)
Salz 1 Prise / 1g. (wenig)
Pfeffer gemahlen 1 Prise / 0,5g. ()
Kräuter verschiedene 2 TL / 4g. (ja)
Schwarzkümmel 1 Prise / 1g. (ja)
Vollkornbrot 2 Scheiben / 40g. (empfehlenswert)

Kochanleitung:
Blattsalat waschen und klein zupfen. 150 g Frischkäse, etwas Senf,
einen Spritzer Zitronensaft, 1 Zehe Knoblauch, gehackte frische
Kräuter, eine Prise Pfeffer und zerstoßenen Schwarzkümmel verrühren
und über den Salat geben. Dazu Vollkornbrot reichen.

3.10 Brokkolicrèmesuppe

Gegen Thrombose, fördert Schilddrüsenfunktion, stärkt das Immunsystem, fördert Aufbau und Erhalt von gesunden Knochen, Zähnen, Haaren und Nägeln. Senkt Blutdruck, bakterizid, beugt Krebs vor, reduziert Strahlenverletzungen.

Anzahl Portionen: 6
Kalorien p. Portion 98
Gramm p. Portion 251,25
Kochdauer ca. 30 min.
Allergene: LO
(Kohlehydrat:78,7% / Eiweiß & Fett:21,3%)
100g.≈ Eiweiß 4,18g. Fett:1,91g.
µg. - Ph:6,81 Na:2,68 Ka:26,22 Mg:8,36 Ca:32,5 Fe:0,16 Zn:0,01 Col.:0 Hsr.:2,7

Zutaten:
Olivenöl 2-3 EL / 7g. (ja)
Brokkoli 500 g. / 500g. (empfehlenswert)
Karotte (Mohrrübe, Möhre) 2 Stück / 150g. (empfehlenswert)
Kartoffel 2 Stück / 120g. (ja)
Zwiebel weiss 1 Stück / 50g. (ja)
Wasser 1 Tasse / 50g. (ja)
Grundrezept für eine Gemüsebrühe nahrhaft 1/2 Liter / 500g. (ja)
Weißwein 1/8 Liter / 125g. (wenig)
Salbei 1 TL / 2g. (ja)
Rosmarin 1 TL / 2g. (ja)
Pfeffer gemahlen 1 Prise / 0,5g. ()
Salz 1 Prise / 1g. (wenig)

Kochanleitung:
Olivenöl in die Pfanne geben, den gewaschenen und in Stücke geschnittenen Brokkoli, gewürfelte Karotten und Kartoffeln zugeben, kurz andünsten, klein geschnittene Zwiebel zufügen und alles mindestens drei fingerbreit mit Wasser auffüllen. Mit Brühe und ganz wenig Weißwein aufgießen und mit Salz, geschnittenem Salbei und Rosmarin würzen, aufkochen lassen und auf kleinem Feuer ca. 25 Min. köcheln lassen. Mit Pfeffer und evtl. noch mal Meersalz würzen und alles pürieren.

3.11 Bulgur mit Tomaten und frischen Kräutern

Fördert Verdauung, hilft Fett zu verdauen, harntreibend, senkt Blutdruck, zieht Adern zusammen, vergrößert Herzkranzgefäße.

Anzahl Portionen: 1
Kalorien p. Portion 205
Gramm p. Portion 244
Kochdauer ca. 30 min.
Allergene: A
(Kohlehydrat:71% / Eiweiß & Fett:29%)
100g.≈ Eiweiß 14,92g. Fett:22,17g.
µg. - Ph:136,51 Na:6,27 Ka:256,14 Mg:48,22 Ca:20,11 Fe:1,82 Zn:1,3 Col.:0,08 Hsr.:78,86

Zutaten:
Bulgur (Getreide) 1 Tasse / 120g. (ja)
Tomate 2 Stück / 70g. (empfehlenswert)
Rucola Rauke 2 EL / 16g. ()
Paprika (Rosenpaprikapulver) 1 Prise / 2g. (ja)
Olivenöl 2 EL / 20g. (ja)
Pfeffer gemahlen 1 Prise / 0,5g. ()
Salz 1 Prise / 1g. (wenig)
Basilikum 4 Blätter / 2g. (ja)
Thymian 1 Zweig / 3g. (ja)
Zitrone Saft 1/2 Stück / 10g. (ja)

Kochanleitung:
Kaltes Wasser in einem Topf aufsetzen, Bulgur hineinstreuen und gar köcheln. Kleingeschnittene Tomaten, frische Kräuter wie Basilikum und Thymian, Rucola, eine Prise Rosenpaprika, Zitronensaft, einen Schuss Olivenöl, etwas gemahlenen Pfeffer und etwas Salz unterrühren. Empfehlung: Ideale Morgenmahlzeit im Sommer, aber auch gut geeignet als Abendmahlzeit, insbesondere bei Schlafstörungen.

3.12 Buntes Reisgericht

Stärkt Immunsystem, Milz, Magen, Blut, Muskeln, Sehnen und Knochen, fördert Verdauung, hilft Fett zu verdauen, harntreibend, senkt Blutdruck, löst Stagnation, gut gegen Diabetes.

Anzahl Portionen: 3
Kalorien p. Portion 437
Gramm p. Portion 342,67
Kochdauer ca. 45 Min.
Allergene: L
(Kohlehydrat:63% / Eiweiß & Fett:37%)
100g.≈ Eiweiß 17,03g. Fett:10,23g.
µg. - Ph:7,97 Na:4,89 Ka:17,25 Mg:6,38 Ca:18,08 Fe:0,14 Zn:0,11 Col.:1 Hsr.:5,14

Zutaten:
Olivenöl 2 TL / 20g. (ja)
Zwiebel Frühlingszwiebel 1 Stück / 20g. (ja)
Rind Fleisch 125 g. / 125g. (ja)
Reis Vollkorn 80 g. / 80g. (empfehlenswert)
Grundrezept für eine Gemüsebrühe nahrhaft 300 ml. / 300g. (ja)
Sellerie Knolle 50 g. / 50g. (empfehlenswert)
Lauch (Porree) 1 Stück / 100g. (ja)
Bohnen (grün, frisch) 150 g. / 150g. (empfehlenswert)
Karotte (Mohrrübe, Möhre) 1 Stück / 70g. (empfehlenswert)
Tomate 2 Stück / 100g. (empfehlenswert)
Salz 1 Prise / 0,5g. (wenig)
Pfeffer gemahlen 1 Prise / 0,2g. ()
Paprika (Rosenpaprikapulver) 1 Prise / 0,5g. (ja)
Kräuter verschiedene 2 EL / 12g. (ja)

Kochanleitung:
Lauch und Karotten waschen, putzen und kleinschneiden. Sellerie würfeln, Tomaten in Scheiben schneiden. in einer großen, tiefen Pfanne Öl erhitzen und die kleingeschnittene Zwiebel zusammen mit dem Hackfleisch darin anbraten. Naturreis und vorbereitetes Gemüse (Sellerie, Lauch, Bohnen, Möhre, Tomaten) dazugeben und kurz mit andünsten. Mit Salz, Pfeffer und Paprika würzen, Gemüsebrühe hinzufügen, aufkochen lassen und bei geringer Hitze ca. 20 bis 30 Min. bei kleiner Hitze und geschlossenem Deckel garen lassen. Mit frischen gehackten Kräutern bestreuen und servieren.

3.13 Curryreis mit Rosinen und Nüssen

Stoppt Durchfall, fördert Verdauung, regt Appetit an, harmonisiert Magen, fördert Durchblutung, verbessert Medikamentenwirkung, entschlackt die Haut, regt Nerven an, befreit Atmung, erhöht Körpertemperatur, schweißtreibend.

Anzahl Portionen: 4
Kalorien p. Portion 275
Gramm p. Portion   291
Kochdauer ca.   30 min.
Allergene: HO
(Kohlehydrat:76,19% / Eiweiß & Fett:23,81%)
100g.≈ Eiweiß 3,78g. Fett:8,88g.
µg. - Ph:12,77 Na:2,26 Ka:25,36 Mg:5,82 Ca:3,11 Fe:0,14 Zn:0,02 Col.:0 Hsr.:4,85

Zutaten:
Sonnenblumenöl 1 EL / 15g. (ja)
Zwiebel weiss 1 Stück / 50g. (ja)
Curry 1/2 TL / 2g. (ja)
Reis Wilder (Naturreis) 1 Tasse / 120g. (empfehlenswert)
Salz 1 Prise / 1g. (wenig)
Weißwein 1/8 Liter / 125g. (wenig)
Zitrone alternativ für Weißwein / g. (ja)
Paprika (Rosenpaprikapulver) 1 Prise / 1g. (ja)
Apfel (süß) 2 Stück / 300g. (empfehlenswert)
Rosinen 2 EL / 25g. (ja)
Walnüsse 2 EL / 25g. (empfehlenswert)
Wasser 6 Tassen / 500g. (ja)

Kochanleitung:
Öl in einem Topf erhitzen und kleingeschnittene Zwiebeln darin glasig
dünsten. Curry dazugeben und kurz aufschäumen lassen. Dann rohen
Reis einige Minuten bei schwacher Hitze unter ständigem Rühren darin
anbraten. Salz, einen Schuss Weißwein oder Zitronensaft,
Rosenpaprika, süße Äpfel (kleingeschnitten), Rosinen und gehackte,
geröstete Nüsse zufügen. Mit heißem Wasser übergießen, bis alles gut
bedeckt ist und köcheln lassen, bis der Reis gar ist. Dazu passt:
Karotten-Fenchel-Gemüse, Hülsenfrüchte mit gekochtem Gemüse,
geschnetzeltes Geflügel mit Ingwer und Pilzen.

3.14 Dicke Erbsensuppe für den Winter

Stärkt Leber, Nieren und Abwehrkraft. Ist harntreibend, entgiftend, löst
Stagnation, fördert Durchblutung.
Anzahl Portionen: 3
Kalorien p. Portion 124
Gramm p. Portion 255
Kochdauer ca. 2-3 Stunden
Allergene: AN
(Kohlehydrat:46,79% / Eiweiß & Fett:53,21%)
100g.≈ Eiweiß 4,37g. Fett:7,31g.
µg. - Ph:10,32 Na:0,75 Ka:22,49 Mg:3,65 Ca:4,66 Fe:0,17 Zn:0,04 Col.:0 Hsr.:15,62

Zutaten:
Erbse, grün 150 g. / 150g. (ja)
Wasser 600 ml. / 550g. (ja)
Sesamöl 1 EL / 20g. (empfehlenswert)
Zwiebel weiss 1/2 Stück / 25g. (ja)
Ingwer frisch 1/2 TL / 1g. (ja)
Kümmel 1/2 TL / 1g. (ja)

Hafer Schrot 1 EL / 15g. (ja)
Salz 1 Prise / 1g. (wenig)
Petersilie 1 Stängel / 2g. (ja)

Kochanleitung:

Erbsen vorher einweichen. Sesamöl in einem Topf erhitzen und kleingeschnittene Zwiebel, Haferschrot, Ingwer und Kümmel darin anbraten. Erbsen zugeben und 2-3 Std. köcheln. Am Ende Salz zufügen und mit Petersilie garnieren.

3.15 Fein gewürzte Zucchini mit Tomaten

Harntreibend, fördert Verdauung, hilft Fett zu verdauen, senkt Blutdruck, löst Stagnation, antioxidativ, erwärmt den
Körper von innen, erweitert die Gefäße.

Anzahl Portionen: 4
Kalorien p. Portion 203
Gramm p. Portion   396,5
Kochdauer ca.   10 Min.
(Kohlehydrat:71,84% / Eiweiß & Fett:28,16%)
100g.≈ Eiweiß 5,39g. Fett:6,62g.
µg. - Ph:10,4 Na:0,79 Ka:35,33 Mg:6,3 Ca:5,58 Fe:0,26 Zn:0,02 Col.:0 Hsr.:5,53

Zutaten:

Olivenöl 1 EL / 20g. (ja)
Zwiebel weiss 2 Stück / 120g. (ja)
Zucchini 4 Stück / 800g. (empfehlenswert)
Oregano getrocknet 1 Prise / 1g. (ja)
Basilikum (frisch) 6-8 Blatt / 3g. (ja)
Salz 1 Prise / 1g. (wenig)
Tomate 2 Stück / 120g. (empfehlenswert)
Reis Vollkorn 1 Tasse / 120g. (empfehlenswert)
Wasser 6 Tassen / 400g. (ja)
Salz 1 Prise / 1g. (wenig)

Kochanleitung:

Fein geschnittene Zwiebeln und klein geschnittene Zucchini in Olivenöl in einer Pfanne anbraten, bis sie halb gar sind und reichlich getrockneten Oregano dazugeben. Salzen und klein geschnittene Tomaten einige Minuten mitdünsten, bis die Zucchini gar, aber noch knackig sind. Mit frischem Basilikum anrichten. Variante: Über die Tomaten etwas Schafskäse geben und mit geschlossenem Deckel zu Ende garen. Den Reis im gesalzenen Wasser aufsetzen, aufkochen lassen und bei kleiner Hitze ca. 15 Min. quellen lassen.

3.16 Frischkäseersatz

Gut bei Laktoseintoleranz. Gut bei Abwehrschwäche, Appetitlosigkeit, Arteriosklerose, Blähungen, Blasenschwäche, Blutarmut, Bluthochdruck, Depressionen, Diabetes, Durchfall. Stärkt Körperenergie, fördert Verdauung und Gewichtsabnahme.

Anzahl Portionen: 2
Kalorien p. Portion 526
Gramm p. Portion 328
Kochdauer ca. 20 Min.
Allergene: AE
(Kohlehydrat:63,78% / Eiweiß & Fett:36,22%)
100g.≈ Eiweiß 19,62g. Fett:12,76g.
µg. - Ph:65,08 Na:279,59 Ka:111,24 Mg:19,56 Ca:10,63 Fe:0,82 Zn:0,33 Col.:0 Hsr.:32,32

Zutaten:
Sojabohnenmilch 1 Liter / 300g. (ja)
Zitrone 1 Stück / 50g. (ja)
Kräuter verschiedene 2 EL / 6g. (ja)
Vollkornbrot 6 Scheiben / 300g. (empfehlenswert)

Kochanleitung:
Sojamilch in einen Topf geben, unter gelegentlichem Rühren (brennt leicht an!) zum Kochen bringen und abkühlen lassen. Zitrone auspressen, leicht unter die abgekühlte Sojamilch (ca. 80 Grad) rühren und ca. 20 Min. ruhen bzw. gerinnen lassen. Geronnene Sojamilch durch ein mit dem Geschirrtuch ausgelegtes Sieb gießen, Flüssigkeit ablaufen lassen und danach Restflüssigkeit mit dem Geschirrtuch auspressen. Nach Geschmack mit frischen Kräutern verfeinern. Dazu Vollkornbrot servieren.

3.17 Fruchtsuppe mit Kirschen, Logane und Lychee

Fördert die Durchblutung, lindert Entzündungen, befeuchtet und verbessert die Haut, stärkt Magen.

Anzahl Portionen: 2
Kalorien p. Portion 189
Gramm p. Portion 356
Kochdauer ca. 10 Min.
(Kohlehydrat:94% / Eiweiß & Fett:6%)
100g.≈ Eiweiß 2,1g. Fett:0,56g.
µg. - Ph:4,13 Na:0,5 Ka:27,41 Mg:1,65 Ca:2,35 Fe:0,05 Zn:0,02 Col.:0 Hsr.:2,37

Zutaten:
Kirsche 100 g. / 100g. (empfehlenswert)
Longane 100 g. / 100g. (ja)
Lychee 100 g. / 100g. (ja)
Zitrone Saft 1/2 / 10g. (ja)
Kirschsaft 1/8 Liter / 125g. (ja)
Zucker Ursüße (Zuckerrohr) süß 2 EL / 20g. (wenig)
Reisstärke 5 g. / 5g. (ja)
Wasser 1/4 Liter / 250g. (ja)
Acerola Fruchtnektar oder Pulver 1 TL / 2g. (ja)

Kochanleitung:
Kirschen waschen, abtropfen lassen und entsteinen. Lychee und
Logane schälen und entkernen. Wasser, Zucker, Früchte und
Zitronensaft aufkochen, Stärke mit Wasser vermischen und unter
Rühren zu den Früchten geben, 1 Min. aufkochen und dann abkühlen
lassen und Acerola unterrühren.

3.18 Gegrillte Lachssteaks mit Blumenkohl und Kartoffeln

Verbessert Verdauung, regeneriert Haut, harntreibend, senkt
Cholesterinspiegel.
Anzahl Portionen: 4
Kalorien p. Portion 329
Gramm p. Portion   386,75
Kochdauer ca.   30 Min.
Allergene: D
(Kohlehydrat:33% / Eiweiß & Fett:67%)
100g.≈ Eiweiß 33,21g. Fett:24,12g.
µg. - Ph:7,53 Na:1,45 Ka:21,74 Mg:1,35 Ca:0,97 Fe:0,04 Zn:0,03 Col.:0,71 Hsr.:4,74

Zutaten:
Knoblauch 1 Zehe / 1g. (ja)
Zwiebel Schalotte 1/2 Stück / 5g. (ja)
Zitrone Saft 1 Spritzer / 1g. (ja)
Salz 1 Prise / 1g. (wenig)
Blumenkohl (Karfiol) 1 Stück / 500g. (empfehlenswert)
Olivenöl 2 EL / 20g. (ja)
Knoblauch 1 Zehe / 1g. (ja)
Wasser 1/4 Tasse / g. (ja)

Petersilie 3 EL / 15g. (ja)
Kartoffel 500 g. / 500g. (ja)
Salz 1 Prise / 1g. (wenig)
Lachs 4 Stück (Steaks) / 500g. (empfehlenswert)
Zitrone 1/2 Stück / 2g. (ja)

Kochanleitung:
Knoblauch-Schalotten-Mischung: Knoblauch fein zerdrücken,
Schalotten fein hacken, einen Spritzer Zitronensaft und Salz dazugeben
und verrühren. Mit wenig Öl zu einer Paste verrühren. Blumenkohl: Den
Blumenkohl in halbwegs gleichmäßige Stücke zerteilen. In einem
schweren Topf das Öl erhitzen und den zerdrückten Knoblauch kurz
anbraten. Die Blumenkohlstücke hineingeben und im Öl wenden. Etwas
Wasser zugießen und so lange kochen, bis der Blumenkohl bissfest ist.
Den Blumenkohl abseihen und das restliche Wasser einkochen lassen,
bis eine dicke Soße übrigbleibt. Blumenkohl wieder dazugeben und mit
einem Holzlöffel grob zerdrücken. Die gehackte Petersilie und Salz
hinzugeben. Kartoffeln: In einem Topf mit viel Wasser die Kartoffeln
weich kochen, abseihen und schälen .Lachssteak: Den Backofen bei
ca. 180 Grad vorheizen. Die Lachsscheiben mit der Knoblauch-
Schalotten-Mischung einreiben und so dicht wie möglich an der
Wärmequelle jeweils 4 bis 8 Min. von beiden Seiten grillen. Sie sind
fertig, wenn sich beim Einstechen mit einer Gabel das Fleisch leicht
teilen lässt. Alles anrichten und mit Zitronenscheiben und der
gehackten Petersilie bestreuen.

3.19 Gegrillte Lammkoteletts mit Süßkartoffelpüree

Lindert Schwächezustände, stärkt Lunge, Milz, Magen und
Immunsystem, baut Fett ab, verbessert die Verdauung.
Anzahl Portionen: 2
Kalorien p. Portion 914
Gramm p. Portion 424,5
Kochdauer ca. 45 Min.
Allergene: E
(Kohlehydrat:35% / Eiweiß & Fett:65%)
100g.≈ Eiweiß 32,47g. Fett:49,26g.
µg. - Ph:26,72 Na:50,25 Ka:72,67 Mg:6,79 Ca:8,42 Fe:0,35 Zn:0,54 Col.:6,99 Hsr.:20,21

Zutaten:
Lamm Fleisch 6 Stück (Koteletts) / 300g. (ja)
Knoblauch 2 Zehen / 3g. (ja)
Rosmarin 2 EL / 5g. (ja)
Salz 1 Prise / 1g. (wenig)

Olivenöl 2 EL / 20g. (ja)
Süßkartoffel 300 g. / 300g. (ja)
Basilikum 1 EL / 3g. (ja)
Sojabohnenmilch 100 g. / 100g. (ja)
Basilikum 1 EL / 3g. (ja)
Salz 1 Prise / 1g. (wenig)
Muskatnuss 1 Prise / 0,5g. (ja)
Pfeffer gemahlen 1 Prise / 0,5g. ()
Mangold 2 Handvoll / 20g. (ja)
Spinat 2 Handvoll / 20g. (ja)
Wirsing/Grünkohl 2 Handvoll / 20g. (empfehlenswert)
Weißkohl/Weißkraut 2 Handvoll / 20g. (empfehlenswert)
Kräuter verschiedene 1 Handvoll / 10g. (ja)
Olivenöl 2 EL / 20g. (ja)
Salz 1 Prise / 1g. (wenig)
Pfeffer gemahlen 1 Prise / 0,5g. ()

Kochanleitung:
Lammkoteletts: Den Backofengrill auf ca. 180 Grad vorheizen und für
das Einschubgitter eine Höhe wählen, die ca. 8 bis 12 cm von der
Wärmequelle entfernt ist. Die Koteletts von überschüssigem Fett
befreien und in eine feuerfeste Form legen. Das Fleisch zunächst mit
Knoblauch, dann mit der Rosmarin-Salz-Mischung einreiben und einige
TL Olivenöl darüber verteilen. Die Lammkoteletts einmal wenden, damit
sie beidseitig mit Öl überzogen sind, unter den Grill schieben und von
beiden Seiten jeweils 5 bis 7 Min. grillen, bzw. so lange, bis das Fleisch
gut gebräunt ist. Süßkartoffelpüree: Die Süßkartoffeln schälen, in große
Würfel schneiden, in Salzwasser weich kochen und abseihen. Im 100
Grad heißen Ofen für einige Minuten ausdampfen lassen. Süßkartoffeln
in der Küchenmaschine mit abgezupften Basilikumblättern kurz
pürieren. Ca. 1/8 l Sojamilch mit Basilikum einmal aufkochen, etwas
durchziehen lassen, abseihen und mit den passierten Süßkartoffeln
verrühren. Mit Salz, Pfeffer und Muskatnuss würzen. Je nach
Konsistenz des Pürees noch etwas Milch zugeben. Gedünstetes
Blattgemüse: Je nach Jahreszeit Mangold, Spinat, Wirsing, Weißkohl,
frische Kräuter und Beifuß in einem Topf mit Olivenöl weichdünsten. Mit
Salz und Pfeffer abschmecken.

3.20 Gegrillter Tofu mit Reisnudeln und Spinat

Lindert Blähungen, harntreibend, entgiftend, stärkt Magen-Darm-Funktion, erweitert Blutgefäße, regt Appetit an, fördert Ausscheidung und Durchblutung.

Anzahl Portionen: 4
Kalorien p. Portion 327
Gramm p. Portion 373
Kochdauer ca. 30 Min.
Allergene: E
(Kohlehydrat:49,87% / Eiweiß & Fett:50,13%)
100g.≈ Eiweiß 24,38g. Fett:10,73g.
µg. - Ph:31,18 Na:1,57 Ka:31,66 Mg:18,57 Ca:14,87 Fe:0,41 Zn:0,04 Col.:0 Hsr.:26,16

Zutaten:
Sake 85 ml / 85g. (ja)
Zucker Ursüße (Zuckerrohr) süß 1 EL / 7g. (wenig)
Knoblauch 5 Zehen / 7g. (ja)
Zwiebel Frühlingszwiebel 3 Stück / 60g. (ja)
Ingwer frisch 3 cm. / 5g. (ja)
Rapsöl 2 EL / 20g. (empfehlenswert)
Spinat 2 Handvoll / 30g. (ja)
Erbse, grün 450 g. / 400g. (ja)
Wasser 1 EL / g. (ja)
Reisnudeln 1 Paket / 250g. (ja)
Wasser 1 Liter / g. (ja)
Basilikum 1 EL / 3g. (ja)
Soja Tofu 500 g. / 500g. (ja)

Kochanleitung:
Für die Marinade: Tamari-Soße, Reiswein, Zucker, zerdrückten Knoblauch, Frühlingszwiebel, geriebenen Ingwer, gehackten Basilikum und das Rapsöl in einer mittelgroßen Schüssel miteinander vermengen. Den Tofu hineingeben und mindestens 1 Std. in der Marinade ziehen lassen. Die Zuckerschoten in einer Pfanne zugedeckt mit wenig Wasser 5 Min. leicht andünsten, den Spinat zufügen und nochmals 3 Min. weiterdünsten. Die Reisnudeln nach Herstellerangaben kochen, abtropfen lassen, mit warmem Wasser nochmals abspülen und abtropfen lassen. Den Grill oder Backofengrill vorheizen, den Tofu von beiden Seiten jeweils 5 Min. grillen und beiseite stellen. Die Nudeln auf den Tellern anrichten, das Gemüse rundherum aufteilen und den Tofu über die Nudeln geben. Mit der Marinade übergießen.

3.21 Gelbe Linsensuppe

Stärkt Milz, Herz und Nieren, harntreibend, beruhigt den Magen, fördert Verdauung, stärkt Immunsystem, beugt Krebs vor, reduziert Strahlenverletzungen, regt Leberfunktion an, antioxidativ.

Anzahl Portionen: 7
Kalorien p. Portion 155
Gramm p. Portion   324
Kochdauer ca.   20 min.
Allergene: A
(Kohlehydrat:73% / Eiweiß & Fett:27%)
100g.≈ Eiweiß 7,59g. Fett:1,91g.
µg. - Ph:0,84 Na:1,47 Ka:3,19 Mg:0,35 Ca:0,64 Fe:0,02 Zn:0,01 Col.:0 Hsr.:1,11

Zutaten:
Linsen gelb 1/2 Kg. / 500g. (ja)
Karotte (Mohrrübe, Möhre) 2 Stück / 150g. (empfehlenswert)
Kohlrabi 1 Stück / 300g. (empfehlenswert)
Zwiebel weiss 1 Stück / 50g. (ja)
Petersilie 1/2 Bund / 100g. (ja)
Kurkuma (Gelbwurz) 1 Prise / 1g. (ja)
Kardamom 1 Prise / 1g. (ja)
Salz 1 Prise / 1g. (wenig)
Olivenöl 1 EL / 10g. (ja)
Wasser 1 Liter / 1000g. (ja)
Zitrone Saft 1/2 Stück / 15g. (ja)
Weißbrot (Weizenbrot) 7 Scheiben / 140g. (wenig)

Kochanleitung:
Linsen gründlich in einem Sieb waschen. In einem Topf Öl erhitzen, fein geschnittene Zwiebel, in Scheiben geschnittene Karotten, in Würfel geschnittenen Kohlrabi und Gewürze kurz darin anbraten und salzen. Linsen dazugeben und mit Wasser bedeckt 20 Min. köcheln lassen. Nach Bedarf mit Wasser ergänzen und mit Salz abschmecken. Mit frischer Petersilie oder frischem grünen Koriander bestreuen und mit Zitronensaft beträufeln. Hier kann man auch rote Linsen verwenden (gleiche Kochzeit). Mit Weißbrot servieren.

3.22 Gemüsereis

Stärkt Magen, löst Stagnation, fördert Gewichtsabnahme, stärkt Nieren und Blase, harntreibend, erwärmt den Körper von innen, reguliert Innenorganfunktionen. Gut bei Abwehrschwäche, Appetitlosigkeit, Blähungen und Bluthochdruck.

Anzahl Portionen: 3
Kalorien p. Portion   304
Gramm p. Portion   274,73
Kochdauer ca.   30 Min.
Allergene: L
(Kohlehydrat:87,6% / Eiweiß & Fett:12,4%)
100g.≈ Eiweiß 8,1g. Fett:3,41g.
µg. - Ph:35,4 Na:5,75 Ka:46,63 Mg:34,07 Ca:82,12 Fe:0,49 Zn:0,07 Col.:0 Hsr.:15,52

Zutaten:
Brokkoli 50 g. / 50g. (empfehlenswert)
Karotte (Mohrrübe, Möhre) 50 g. / 50g. (empfehlenswert)
Kohlrabi 50 g. / 50g. (empfehlenswert)
Blumenkohl (Karfiol) 30 g. / 30g. (empfehlenswert)
Erbsen 20 g. / 20g. (ja)
Margarine 1 TL / 4g. (ja)
Reis Vollkorn 200 g / 200g. (empfehlenswert)
Grundrezept für eine Gemüsebrühe nahrhaft 400 g. / 400g. (ja)
Petersilie 20 g. / 20g. (ja)
Pfeffer gemahlen 1 Prise / 0,2g. ()

Kochanleitung:
Brokkoli, Karotten und Kohlrabi in kleine Würfel schneiden und den Blumenkohl in kleine Röschen zerteilen. Die Margarine in einer Pfanne oder einem Topf erhitzen und das Gemüse darin andünsten. Anschließend den Reis zufügen, mit der Gemüsebrühe auffüllen und 15-20 Min. ausquellen lassen. In der Zwischenzeit die Petersilie fein hacken. Nach Garzeitende den Reis mit frisch gemahlenem Pfeffer und Petersilie abschmecken.

3.23 Gemüsesaft

Fördert Verdauung, hilft Fett zu verdauen, harntreibend, senkt Blutdruck, bakterizid, stärkt Magen und Immunsystem, beugt Krebs vor, reduziert Strahlenverletzungen, vertreibt innere Kälte, wirkt anregend.

Anzahl Portionen: 1
Kalorien p. Portion   64
Gramm p. Portion   225
Kochdauer ca.   15 Min.
Allergene: L
(Kohlehydrat:82,23% / Eiweiß & Fett:17,77%)
100g.≈ Eiweiß 2,47g. Fett:0,44g.
µg. - Ph:33,92 Na:30,92 Ka:205,63 Mg:13,57 Ca:34,59 Fe:1,18 Zn:0,33 Col.:0 Hsr.:19,76

Zutaten:
Sellerie Knolle 20 g. / 20g. (empfehlenswert)
Karotte (Mohrrübe, Möhre) 100 g. / 100g. (empfehlenswert)
Tomate 100 g. / 100g. (empfehlenswert)
Knoblauch 1 Stück / 2g. (ja)
Salz 1 TL / 2g. (wenig)
Acerola Fruchtnektar oder Pulver 1/2 TL / 1g. (ja)

Kochanleitung:
Alle Zutaten schälen, mit dem Entsafter zu einem Getränk verarbeiten und Acerola unterrühren.

3.24 Gemüsetopf mit Tofu und Curry auf Naturreis

Harntreibend, senkt Blutzucker und Blutdruck, lindert Blähungen, unterstützt die Verdauung, enthält ideale pflanzliche Schleimstoffe, die zur Regeneration der Dünn- und Dickdarmflora wertvolle Dienste leisten, bakterizid, stärkt Immunsystem.

Anzahl Portionen: 6
Kalorien p. Portion   162
Gramm p. Portion   400,17
Kochdauer ca.   30 Min.
Allergene: E
(Kohlehydrat:56% / Eiweiß & Fett:44%)
100g.≈ Eiweiß 8,62g. Fett:6,02g.
µg. - Ph:1,42 Na:0,6 Ka:6,19 Mg:0,81 Ca:1,42 Fe:0,02 Zn:0,01 Col.:0 Hsr.:0,6

Zutaten:

Olivenöl 2 EL / 20g. (ja)
Knoblauch 2 Zehen / 3g. (ja)
Zwiebel weiss 1 Stück / 60g. (ja)
Curry 2 EL / 16g. (ja)
Wasser 1/2 Liter / 500g. (ja)
Speiserüben 2 Stück / 50g. (empfehlenswert)
Kürbis 1 Stück / 400g. (ja)
Karotte (Mohrrübe, Möhre) 1 Stück / 100g. (empfehlenswert)
Pastinake 1 Stück / 150g. (ja)
Kartoffel 1 Stück / 70g. (ja)
Süßkartoffel 1 Stück / 70g. (ja)
Blumenkohl (Karfiol) 1/4 Stück / 250g. (empfehlenswert)
Brokkoli 1/2 Stück / 250g. (empfehlenswert)
Okra 12 Stück / 200g. (ja)
Soja Tofu 1 Stück / 250g. (ja)
Basilikum 3 EL / 12g. (ja)
Salz 1 Prise / 0,5g. (wenig)

Kochanleitung:

In einer großen, schweren Kasserolle das Öl bei mittlerer Temperatur erhitzen, Knoblauch und Zwiebel dazugeben und unter ständigem Rühren anschwitzen. Mit Currypulver nach Geschmack würzen, etwa 5 Min. behutsam mitbraten und darauf achten, dass Knoblauch und Curry nicht anbrennen. Das Wasser zugießen und zum Kochen bringen. Nach und nach sämtliche Gemüse schälen, würfeln und hineingeben und dabei mit den Sorten beginnen, die die längste Garzeit benötigen. Sobald das Wasser erneut kocht, zudecken, die Wärmezufuhr drosseln und das Gemüse etwa 15 Min. köcheln lassen. Wenn es fast weich ist, Blumenkohl- und Brokkoliröschen sowie die Okra dazugeben und den Eintopf weitere 10 bis 15 Min. garen. Während der letzten 5 Min. den Tofu hineingeben und erwärmen. Gleichzeitig den Naturreis kochen: In einem mittleren Kochtopf mit Wasser den Reis einstreuen, salzen und zugedeckt ca. 20 Min. auf kleiner Flamme kochen, vom Herd nehmen und weitere 10 Min. ziehen lassen. Den Eintopf auf dem Naturreis anrichten und mit Basilikum bestreuen.

3.25 Gerstenbratlinge

Verbessert Verdauung, senkt Cholesterinspiegel. Gut bei Durchfall, Geschwüren, Gliederschmerzen und Magenproblemen. Stärkt Milz, Leber und Immunsystem, senkt Blutdruck, bakterizid, beugt Krebs vor, reduziert Strahlenverletzungen.

Anzahl Portionen: 3
Kalorien p. Portion 398
Gramm p. Portion 292,67
Kochdauer ca. 1 1/2 Stunden
Allergene: ACN
(Kohlehydrat:63% / Eiweiß & Fett:37%)
100g.≈ Eiweiß 8,38g. Fett:19,69g.
µg. - Ph:7,07 Na:4,18 Ka:17,24 Mg:2,02 Ca:2,5 Fe:0,08 Zn:0,04 Col.:2,76 Hsr.:2,93

Zutaten:
Wasser 2 Tassen / 250g. (ja)
Gerstengrütze 1 Tasse / 120g. (ja)
Kartoffel 1 Stück / 140g. (ja)
Karotte (Mohrrübe, Möhre) 1 Stück / 120g. (empfehlenswert)
Champignon 2-3 Stück / 25g. (ja)
Huhn Ei 1 Stück / 55g. (ja)
Zwiebel weiss 1 Stück / 50g. (ja)
Ingwer frisch 1/2 TL / 1g. (ja)
Pfeffer gemahlen 1 Prise / 0,5g. ()
Salz 1 Prise / 1g. (wenig)
Zitrone 1/2 Stück / 15g. (ja)
Petersilie 2 EL / 15g. (ja)
Paprika (Rosenpaprikapulver) 1 Prise / 1g. (ja)
Sesamöl 2-3 EL / 50g. (empfehlenswert)
Brötchen (Semmel) 1 Stück / 35g. (wenig)

Kochanleitung:
Vorbereitung: 2 große Tassen heißes Wasser in einen Topf geben, 1 große Tasse Thermo-Gerstengrütze dazugeben und 2 Min. unter Rühren köcheln lassen. Dann 20 Min. auf der ausgeschalteten Herdplatte quellen lassen, herunternehmen und abkühlen lassen. Eine große Kartoffel kleinschneiden und in Wasser kochen. Brötchen in heißem Wasser einweichen und dann gut ausdrücken. Danach die Gerstengrütze, die zerdrückte Kartoffel und das Brötchen vermengen und folgendes zufügen: 1 geraspelte Karotte, 2-3 kleingehackte Champignons, 1 Ei, 1 fein gehackte Zwiebel, ½ TL geriebenen Ingwer, je eine Prise Salz und Pfeffer, etwas Zitronensaft, gehackte Petersilie und reichlich Rosenpaprika. Alles gut durchkneten und Bratlinge formen. In einer heißen Pfanne Sesamöl erhitzen und die Bratlinge

etwa 15 Min. bei schwacher Hitze ausbacken. Nach der Hälfte der Zeit wenden. Dazu passt: Blattsalat, Sojasprossengemüse.

3.26 Gerstenbrei mit gedünsteter Birne

Fördert Verdauung, harntreibend, stärkt Milz und Magen, kühlt Blase, befeuchtet Darm und Haut, entspannt, schweißtreibend.

Anzahl Portionen: 5
Kalorien p. Portion 113
Gramm p. Portion 305,8
Kochdauer ca. 25 Min.
Allergene: A
(Kohlehydrat:86% / Eiweiß & Fett:14%)
100g.≈ Eiweiß 3,26g. Fett:0,72g.
µg. - Ph:1,16 Na:0,11 Ka:2,09 Mg:0,44 Ca:0,33 Fe:0,01 Zn:0,01 Col.:0 Hsr.:0,42

Zutaten:
Wasser 10 Tassen / 1200g. (ja)
Gerste 1 Tasse / 120g. (ja)
Ingwer frisch 2 Scheiben / 2g. (ja)
Kardamom 3 Kapseln / 1g. (ja)
Salz 1 Prise / 1g. (wenig)
Birne 1 Stück / 200g. (empfehlenswert)
Zucker Ursüße (Zuckerrohr) süß 1/2 EL / 5g. (wenig)

Kochanleitung:
Die Gerste zu grobem Schrot mahlen und trocken anrösten. Heißes Wasser aufgießen, Ingwer und Kardamom hinzufügen und bei wenig Hitze zu einem Brei quellen lassen. Birne schälen und würfeln und mit wenig Wasser 10 Min. dünsten. Am Ende die gedünstete Birne mit etwas Butter und Süßmittel zur Gerste geben. Variante: Wenn es morgens schnell gehen soll, kann man an Stelle von Schrot Gerstenflocken verwenden.

3.27 Geschmortes Kaninchen mit Reis und Salat

Stärkt, fördert Durchblutung, regt Appetit an.

Anzahl Portionen: 6
Kalorien p. Portion 522
Gramm p. Portion 432,5
Kochdauer ca. 1 Stunde
Allergene: LMO
(Kohlehydrat:23% / Eiweiß & Fett:77%)
100g.≈ Eiweiß 44,27g. Fett:25,41g.
µg. - Ph:3,11 Na:0,7 Ka:5,93 Mg:0,59 Ca:0,47 Fe:0,03 Zn:0,02 Col.:1,25 Hsr.:3,37

Zutaten:

Olivenöl 2 EL / 20g. (ja)
Kaninchen Fleisch 1 Stück (in 10-12 Stücke zerlegt) / 1200g. (ja)
Olivenöl 2 EL / 20g. (ja)
Karotte (Mohrrübe, Möhre) 2 Stück / 180g. (empfehlenswert)
Knoblauch 2 Zehen / 3g. (ja)
Sellerie Stangensellerie 1 Stange / 10g. (empfehlenswert)
Zwiebel weiss 1 Stück / 60g. (ja)
Weißwein 350 ml. / 250g. (wenig)
Wasser 1/2 Tasse / 0g. (ja)
Wasser 6 Tassen / 400g. (ja)
Reis Basmatireis 1 Tasse / 120g. (ja)
Salz 1 Prise / 1g. (wenig)
Feldsalat 300 g. / 300g. (empfehlenswert)
Olivenöl 2 EL / 20g. (ja)
Zitrone Saft 1/4 Stück / 8g. (ja)
Senf 1 Prise / 1g. (ja)
Salz 1 Prise / 1g. (wenig)
Honig 1 Prise / 1g. (ja)

Kochanleitung:

In einer schweren Schmorpfanne das Öl bei niedriger Temperatur
erhitzen. Die Kaninchenteile hineingeben, rundum kräftig anbraten und
danach auf eine Platte legen. Öl in der Pfanne erhitzen, Möhre,
Knoblauch, Stangensellerie und Zwiebel hineingeben, unter
mehrmaligem Rühren goldbraun braten und beiseite stellen. Die
Kaninchenteile wieder in die Pfanne legen, das Gemüse darüber
verteilen, den Wein aufgießen und einige Augenblicke brodeln lassen.
Das Wasser aufgießen und zum Kochen bringen. Den Deckel auflegen,
die Wärmezufuhr drosseln und zwischendurch immer wieder
nachsehen, ob noch genügend Garflüssigkeit vorhanden ist. Nach
Geschmack salzen und das Kaninchen mindestens 90 Min. oder so
lange schmoren, bis das Fleisch weich ist. In der Zwischenzeit den Reis
in einem Topf mit der sechsfachen Menge gesalzenem Wasser auf
kleiner Stufe kochen. Den Salat waschen, trocken schleudern,
kleinzupfen und in einer Schüssel anrichten. In einer kleinen Schüssel
Olivenöl, Zitronensaft, etwas Senf, Salz und Honig gut verrühren und
mit dem Salat vermischen.

3.28 Getreidekaffee mit Kardamom

Harntreibend, stärkt Magen, befeuchtet Darm, befeuchtet die Haut,
entspannt, vermindert Fettgewebe.
Anzahl Portionen: 1
Kalorien p. Portion   4
Gramm p. Portion   136
Kochdauer ca.   5 Min.
(Kohlehydrat:98,58% / Eiweiß & Fett:1,42%)
100g.≈ Eiweiß 0,12g. Fett:0,08g.
µg. - Ph:1,29 Na:1,02 Ka:7,9 Mg:2,49 Ca:5,37 Fe:0,08 Zn:0,09 Col.:0 Hsr.:0

Zutaten:
Getreidekaffee 1 EL / 15g. (ja)
Kardamom 2 Kerne / 1g. (ja)
Wasser 1 Tasse / 120g. (ja)

Kochanleitung:
Wasser, Kaffee, Zucker und Kardamom aufkochen und setzen lassen.

3.29 Grapefruitsaft

Fördert Verdauung, senkt Blutzucker, trocknet aus, liefert Vitamin C.
Anzahl Portionen: 1
Kalorien p. Portion   108
Gramm p. Portion   250
Kochdauer ca.   5 Min.
(Kohlehydrat:92,45% / Eiweiß & Fett:7,55%)
100g.≈ Eiweiß 1,5g. Fett:0,5g.
µg. - Ph:17 Na:2 Ka:180 Mg:10 Ca:18 Fe:0,3 Zn:0,2 Col.:0 Hsr.:15

Zutaten:
Grapefruit/Pampelmuse/Pomelo 1 Glas / 250g. (ja)

Kochanleitung:
Frische Grapefruit entsaften oder Biosaft verwenden.

3.30 Grundrezept für eine Hühnerbrühe (wärmend)

Stärkt Blut, baut Milz und Magen auf, stärkt Knochenmark, senkt Blutdruck, bakterizid, stärkt Immunsystem, beugt Krebs vor, reduziert Strahlenverletzungen, fördert Schwitzen, löst Stagnation. Gut bei Appetitlosigkeit und Blähungen.

Anzahl Portionen: 9
Kalorien p. Portion 90
Gramm p. Portion 244,89
Kochdauer ca. 2-3 Stunden
Allergene: L
(Kohlehydrat:10,44% / Eiweiß & Fett:89,56%)
100g.≈ Eiweiß 15,69g. Fett:11,57g.
µg. - Ph:7,72 Na:5,27 Ka:16,86 Mg:1,2 Ca:3,41 Fe:0,1 Zn:0 Col.:0,25 Hsr.:8,27

Zutaten:
Huhn Fleisch 1/2 Stück / 600g. (ja)
Karotte (Mohrrübe, Möhre) 2 Stück / 150g. (empfehlenswert)
Lauch (Porree) 1 Stange / 45g. (ja)
Sellerie Knolle 1 Stück / 500g. (empfehlenswert)
Ingwer frisch 2 Scheiben / 2g. (ja)
Bockshornklee 1 TL / 2g. (ja)
Wacholderbeere 1 TL / 3g. (empfehlenswert)
Lorbeerblatt 3 Stück / 2g. (ja)
Wasser 1 Liter / 900g. (ja)

Kochanleitung:
Hühnerteile von Fett befreien, in einen Topf mit heißem Wasser geben, kurz aufkochen lassen und entstehenden Schaum abschöpfen. Grob geschnittenes Gemüse und alle Gewürze zugeben und 2-3 Std. bei mittlerer Hitze kochen, dann alles abseihen. Tipp: Wenn Sie das Fleisch als Suppeneinlage verwenden möchten, bereits nach 45 Min. herausnehmen und nur die Knochen in der Suppe lassen.

3.31 Grundrezept für eine nahrhafte Gemüsebrühe

Senkt Blutdruck und Blutfett, bakterizid, stärkt Immunsystem, stärkt Magen, löst Stagnation, fördert Gewichtsabnahme, hilft bei Appetitlosigkeit, Blähungen, Depressionen, Diabetes, Durchfall.

Anzahl Portionen: 5
Kalorien p. Portion 48
Gramm p. Portion 240,6
Kochdauer ca. 2-3 Stunden
Allergene: L
(Kohlehydrat:71,3% / Eiweiß & Fett:28,7%)
100g.≈ Eiweiß 1,57g. Fett:1,31g.
µg. - Ph:4,86 Na:3,67 Ka:25,68 Mg:1,8 Ca:6,32 Fe:0,1 Zn:0,01 Col.:0 Hsr.:2,78

Zutaten:
Olivenöl 1 EL / 4g. (ja)
Zwiebel weiss 1 Stück / 60g. (ja)
Karotte (Mohrrübe, Möhre) 3 Stück / 200g. (empfehlenswert)
Pastinake 150 g. / 150g. (ja)
Sellerie Knolle 1 Tasse / 100g. (empfehlenswert)
Ingwer frisch 1/2 TL / 2g. (ja)
Zitrone 1/2 Stück / 25g. (ja)
Wacholderbeere 6 Stück / 6g. (empfehlenswert)
Thymian getrocknet 1 Prise / 1g. (ja)
Liebstöckel 1 EL / 3g. (ja)
Lorbeerblatt 2 Blätter / 1g. (ja)
Salz 1 Prise / 1g. (wenig)
Wasser 3/4 Liter / 650g. (ja)

Kochanleitung:
Gemüse würfelig schneiden. Öl in einem Topf erhitzen, die Zwiebel und das Gemüse darin anbraten, Ingwer und Lorbeer zugeben. Mit kaltem Wasser aufgießen, Zitronensaft zufügen und mit Wacholder, Thymian und Liebstöckel würzen. 2-3 Std. auf kleiner Stufe zugedeckt köcheln lassen. Brühe durch ein Sieb streichen und im Kühlschrank aufbewahren. Sie dient als Suppengrundlage und verfeinert Gemüse, Hülsenfrüchte oder Getreide.

3.32 Grundrezept für eine Reissuppe (Congee)

Niedriger Fettgehalt, zur Entwässerung des Körpers bei Übergewicht und Bluthochdruck.
Anzahl Portionen: 3
Kalorien p. Portion 140
Gramm p. Portion 273,33
Kochdauer ca. 2-4 Stunden
(Kohlehydrat:89,71% / Eiweiß & Fett:10,29%)
100g.≈ Eiweiß 2,96g. Fett:0,48g.
µg. - Ph:5,85 Na:0,58 Ka:5,02 Mg:3,41 Ca:1,72 Fe:0,03 Zn:0,02 Col.:0 Hsr.:6,34

Zutaten:
Reis Sorte beliebig 1 Tasse / 120g. (ja)
Wasser 6 Tassen / 700g. (ja)

Kochanleitung:
Man kocht Reis und Wasser in einem Verhältnis von etwa 1:6. Die Menge des Wassers bestimmt die Dicke des Breis (reine Geschmackssache). Der Reis quillt unwahrscheinlich auf, nehmen Sie also nicht viel. Geben Sie den Reis in einen Topf mit einem schweren Deckel. Wichtig ist, den Reis nach kurzem Aufkochen nur auf kleinster Stufe köcheln zu lassen, da er sonst anbrennt. Kochen Sie den Reis 2-4 Stunden. Je länger er kocht, desto stärkender wirkt er. Wenn Sie das Gericht zum Frühstück essen möchten, können Sie den Reis auch kurz vor dem Zubettgehen aufsetzen. Sicherheitshalber sollten Sie vorher einmal unter Beobachtung für eine ähnlich lange Zeit das Verhalten Ihres Topfes und Herdes prüfen, damit nichts anbrennt.

3.33 Gurkensalat

Gurke kühlt und befeuchtet, entgiftet, unterdrückt Umwandlung von Zucker in Fett, senkt Cholesterinspiegel, beugt Krebs vor, ist harntreibend. Dill wirkt gegen Blähungen, ist krampflösend bei Magen-Darm-Beschwerden.

Anzahl Portionen: 2
Kalorien p. Portion 27
Gramm p. Portion 206
Kochdauer ca. 5 min.
Allergene: O
(Kohlehydrat:68% / Eiweiß & Fett:32%)
100g.≈ Eiweiß 1,61g. Fett:0,4g.
µg. - Ph:5,92 Na:2,32 Ka:35,15 Mg:2,16 Ca:4,03 Fe:0,12 Zn:0,05 Col.:0 Hsr.:1,94

Zutaten:
Gurke 1 Stück / 400g. (empfehlenswert)
Salz 1 Prise / 1g. (wenig)
Dill 1 Prise / 1g. (ja)
Essig (Apfelessig) 1 EL / 10g. (ja)

Kochanleitung:
Bio-Gurke mit Schale, konventionelle Gurke schälen, dünn schneiden und würzen.

3.34 Heidelbeermus

Heidelbeeren wirken abführend, Nelken lösen Stagnation, Zimtpulver erwärmt Magen und Milz. Baut Blut auf, fördert Durchblutung und Leitbahnfluss.

Anzahl Portionen: 1
Kalorien p. Portion 11
Gramm p. Portion 271,1
Kochdauer ca. 10 Min.
(Kohlehydrat:78,35% / Eiweiß & Fett:21,65%)
100g.≈ Eiweiß 0,2g. Fett:0,32g.
µg. - Ph:0,98 Na:1,01 Ka:5,56 Mg:1,09 Ca:6 Fe:0,06 Zn:0,1 Col.:0 Hsr.:1,48

Zutaten:
Heidelbeere 20 g. / 20g. (ja)
Zimtpulver 1 Prise / 0,1g. (ja)
Nelke 1 Stück / 1g. (ja)
Wasser 1/4 Liter / 250g. (ja)

Kochanleitung:
Heidelbeeren mit Zimt und Nelke im Wasser 10 Min. kochen. Zimt und Nelke entfernen, pürieren und nach Wunsch süßen.

3.35 Heilbutt mit Tomaten-Knoblauch-Soße

Fördert Verdauung, hilft Fett zu verdauen, harntreibend, senkt Blutdruck, liefert wertvolle Omega-3 Fettsäuren. Gut
 bei Rheuma, Blähungen, Blasenschwäche, Blutarmut, Bluthochdruck, Depressionen, Diabetes, Durchfall.

Anzahl Portionen: 5
Kalorien p. Portion 319
Gramm p. Portion 297,6
Kochdauer ca. 45 Min.
Allergene: D
(Kohlehydrat:35,73% / Eiweiß & Fett:64,27%)
100g.≈ Eiweiß 34,97g. Fett:9,44g.
µg. - Ph:24,12 Na:43,88 Ka:35,39 Mg:5,15 Ca:4,4 Fe:0,11 Zn:0,01 Col.:0,82 Hsr.:23,91

Zutaten:
Reis Sorte beliebig 1 Tasse / 120g. (ja)
Wasser 6 Tassen / 240g. (ja)
Salz 1 Prise / 1g. (wenig)
Heilbutt 1 Kg / 800g. (ja)
Salz 1 Prise / 1g. (wenig)
Pfeffer gemahlen 1 Prise / 0,5g. ()
Zitrone Saft 1 Spritzer / 2g. (ja)
Lorbeerblatt 2 Stück / 2g. (ja)

Zitrone 1 Stück / 30g. (ja)
Knoblauch 8 Stück / 10g. (ja)
Thymian getrocknet 1 EL / 5g. (ja)
Oliven 75 g. / 75g. (ja)
Tomate 4 Stück / 200g. (empfehlenswert)
Salz 1 Prise / 1g. (wenig)
Pfeffer gemahlen 1 Prise / 0,5g. ()

Kochanleitung:

Reis im Salzwasser gar kochen. Den Fisch unter fließend kaltem
Wasser abspülen, mit Küchenkrepp abtupfen und mit Salz, Pfeffer und
Zitronensaft einreiben. Die Fischfilets in eine Auflaufform legen und mit
Stücken der Lorbeerblätter belegen Die Zitrone heiß abwaschen und in
Spalten schneiden, den Knoblauch schälen und halbieren. Die Oliven
darauf verteilen und mit Thymian bestreuen. Die Tomaten mit heißem
Wasser überbrühen, häuten und grob würfeln. Alle Zutaten mischen,
mit Salz und Pfeffer würzen und um den Fisch herum verteilen. Alles
bei 200 Grad (Umluft 180, Gas Stufe 3) ca. 20 Min. garen. Mit dem Reis
anrichten. Zu diesem wohlschmeckenden Fischgericht passt ein
gemischter Salat.

3.36 Herzhafter Polentabrei

Stärkt Milz und Magen, harntreibend, fördert Verdauung, entgiftet, treibt
Schweiß, reduziert Blutfett, regt an, löst Stagnation, fördert Appetit.
Anzahl Portionen: 2
Kalorien p. Portion 262
Gramm p. Portion   207,5
Kochdauer ca.   10 Min.
(Kohlehydrat:80% / Eiweiß & Fett:20%)
100g.≈ Eiweiß 5,65g. Fett:5,94g.
µg. - Ph:6,71 Na:0,73 Ka:11,2 Mg:2,2 Ca:2,17 Fe:0,09 Zn:0,05 Col.:0 Hsr.:2,46

Zutaten:

Mais Gries (Polenta) 1 Tasse / 120g. (ja)
Zwiebel Frühlingszwiebel 2 Stück / 40g. (ja)
Ingwer frisch 1/2 TL / 2g. (ja)
Muskatnuss 1 Prise / 1g. (ja)
Salz 1 Prise / 1g. (wenig)
Olivenöl 1 EL / 10g. (ja)
Kurkuma (Gelbwurz) 1 Prise / 1g. (ja)
Wasser 2 Tassen / 240g. (ja)

Kochanleitung:
Polenta in kochendes Wasser einrühren und quellen lassen.
Frühlingszwiebel, geriebenen Ingwer, Kurkuma, Muskat, Salz und
Olivenöl zugeben und weiter ziehen lassen.

3.37 Hühnersuppe mit Eigelb und Petersilie

Stärkt Blut, Knochenmark, Immunsystem und Sehkraft, baut Milz und
Magen auf, senkt Blutdruck, bakterizid, harmonisiert Leber und Milz,
entgiftet. Petersilie regt Leberfunktion an.
Anzahl Portionen: 2
Kalorien p. Portion 118
Gramm p. Portion 260
Kochdauer ca. 10 Min.
Allergene: CL
(Kohlehydrat:82,37% / Eiweiß & Fett:17,63%)
100g.≈ Eiweiß 16,35g. Fett:2,49g.
µg. - Ph:13,95 Na:17,66 Ka:18 Mg:49,59 Ca:138,8 Fe:0,55 Zn:0,05 Col.:6,53 Hsr.:4,43

Zutaten:
Grundrezept für eine Hühnerbrühe wärmend 1/2 Liter / 500g. (ja)
Huhn Eigelb 1 Stück / 10g. (wenig)
Petersilie 1 EL / 10g. (ja)

Kochanleitung:
Brühe erhitzen und das Eigelb darin verquirlen. Die gehackte Petersilie
drüberstreuen und ca. 2 Min. ziehen lassen und dann in kleinen
Schlucken trinken.

3.38 Humus

Entspannt bei Brustdruckgefühl, befeuchtet trockene Haut, hilft bei
Inkontinenz, wirkt antioxidativ. Regt Leberfunktion an, entgiftet,
stimuliert das Immunsystem, regt an, löst Stagnation.
Anzahl Portionen: 2
Kalorien p. Portion 542
Gramm p. Portion 141
Kochdauer ca. 2 Stunden
Allergene: N
(Kohlehydrat:64% / Eiweiß & Fett:36%)
100g.≈ Eiweiß 24,03g. Fett:17,08g.
µg. - Ph:42,31 Na:10,88 Ka:27,9 Mg:26,09 Ca:27,87 Fe:1,27 Zn:0,62 Col.:0,02 Hsr.:75,99

Zutaten:
Kichererbsen 2 Tassen / 240g. (ja)
Wakame 1 TL zerrieben / 2g. (ja)
Ingwer frisch 1/4 TL / 1g. (ja)
Rosmarin 1 Prise / 0,5g. (ja)
Sesam Paste (Tahini) 1 EL / 10g. (ja)
Olivenöl 2 EL / 20g. (ja)
Zitrone Saft 1 Spritzer / 2g. (ja)
Wasser nach Bedarf / g. (ja)
Knoblauch 1 Zehe geschabt / 2g. (ja)
Petersilie 1 TL gehackte / 2g. (ja)
Paprika 1 Prise / 0,2g. (empfehlenswert)
Koriander 1 Prise / 0,2g. (ja)
Kardamom 1 Prise / 0,2g. (ja)
Chili (Schote oder gemahlen) 1 Prise / 0,2g. (ja)
Pfeffer gemahlen 1 Prise / 0,2g. ()
Salz Kräutersalz 1/2 TL / 2g. (ja)

Kochanleitung:
Kichererbsen mindestens 6 Std. einweichen, Einweichwasser
weggießen und in frischem Wasser ca. 1-1,5 Std. mit Wakame und
Ingwer kochen, erkalten lassen und einige Spritzer Zitronensaft und
Petersilie zufügen. Kleingeschnittenen oder gepressten Knoblauch
zugeben und mit Pfeffer, je nach Geschmack mehr oder weniger
Koriander- und Kardamompulver und etwas Chili würzen und mit Tahin
und Olivenöl abrunden. Alle Zutaten pürieren, je nach Konsistenz
Wasser zugeben, bis eine geschmeidige Paste entsteht. Auf
Getreideküchlein, Cracker oder getoastetes Brot streichen oder zu
Salat genießen.

3.39 Italienische Gemüse-Bohnen-Suppe

Fördert Verdauung, hilft Fett zu verdauen, harntreibend, senkt
Blutdruck, regt Blutproduktion und Stoffwechsel an, baut Fett ab, wirkt
bakterizid, stärkt Immunsystem.
Anzahl Portionen: 4
Kalorien p. Portion 204
Gramm p. Portion   265,25
Kochdauer ca.   1 Stunde
Allergene: L
(Kohlehydrat:35% / Eiweiß & Fett:65%)
100g.≈ Eiweiß 12,31g. Fett:5,92g.
µg. - Ph:6,03 Na:1,24 Ka:20,36 Mg:1,96 Ca:2,61 Fe:0,03 Zn:0,01 Col.:0 Hsr.:2,21

Zutaten:
Butterbohnen weiße 200 g. / 200g. (ja)
Zwiebel Schalotte 1 Stück / 20g. (ja)
Karotte (Mohrrübe, Möhre) 1 Stück / 70g. (empfehlenswert)
Olivenöl 2 EL / 20g. (ja)
Tomate 2 Stück / 80g. (empfehlenswert)
Sellerie Knolle 10 dag. / 100g. (empfehlenswert)
Weißkohl/Weißkraut 7 dag. / 70g. (empfehlenswert)
Endiviensalat 5 dag. / 50g. (ja)
Salz 1 Prise / 1g. (wenig)
Pfeffer gemahlen 1 Prise / 0,2g. ()
Wasser 1/2 Liter / 450g. (ja)

Kochanleitung:
Bohnen einweichen und 30 Min. kochen. Zwiebel, Karotte und Sellerie
kleingeschnitten in Bratöl andünsten. Tomaten und Wasser zugeben
und alles 30 Min. köcheln. In Streifen geschnittenen Weißkohl,
Endiviensalat sowie die gekochten Bohnen
hineingeben und mit Salz, Pfeffer und Olivenöl abschmecken.

3.40 Japanische Algensuppe

Nährt Nieren-Yin, kühlt Hitze, löst Verhärtungen. Senkt Blutdruck,
bakterizid, stärkt Immunsystem, beugt Krebs vor, reduziert
Strahlenverletzungen, fördert Verdauung, entgiftet und stimuliert das
Immunsystem.
Anzahl Portionen: 3
Kalorien p. Portion 47
Gramm p. Portion 261,67
Kochdauer ca.   20 Min.
(Kohlehydrat:70% / Eiweiß & Fett:30%)
100g.≈ Eiweiß 3,01g. Fett:0,64g.
µg. - Ph:3,46 Na:14,26 Ka:12,31 Mg:1,31 Ca:2,98 Fe:0,08 Zn:0,03 Col.:0 Hsr.:1,16

Zutaten:
Wakame 25 g. / 25g. (ja)
Wasser 1/2 Liter / 450g. (ja)
Zwiebel Schalotte 1-2 Stk. / 30g. (ja)
Rettich (weiß, grün, lila-rot) 50 g. / 50g. (empfehlenswert)
Karotte (Mohrrübe, Möhre) 2 Stück / 180g. (empfehlenswert)
Miso 2 EL / 20g. (ja)
Petersilie 2 EL / 20g. (ja)
Zwiebel Frühlingszwiebel 1 EL geschnitten / 10g. (ja)

Kochanleitung:

Wakame einige Minuten in Wasser einweichen, herausnehmen und das Wasser zum Kochen bringen. Fein geschnittene Zwiebeln und in feine Streifen geschnittene Wakame, Rettich und Karotten zugeben und weitere 10 Min. köcheln. Miso in etwas abgekühltem Kochwasser lösen und am Ende dazugeben. Mit Petersilie und Frühlingszwiebeln bestreuen.

3.41 Karotten- Reisschleimsuppe

Gegen Durchfall, bei Fieber, bakterizid, stärkt Immunsystem, senkt Blutdruck.

Anzahl Portionen:　1
Kalorien p. Portion　101
Gramm p. Portion　224
Kochdauer ca.　10 Min.
(Kohlehydrat:96% / Eiweiß & Fett:4%)
100g.≈ Eiweiß 2,37g. Fett:0,4g.
µg. - Ph:27,48 Na:20,34 Ka:65,63 Mg:170,89 Ca:178,57 Fe:1,03 Zn:0,34 Col.:0 Hsr.:12,3

Zutaten:

Grundrezept für eine Reissuppe (Congee) 1 Tasse / 120g. (ja)
Karotte (Mohrrübe, Möhre) 2 Stück / 100g. (empfehlenswert)
Salz 1 TL / 4g. (wenig)

Kochanleitung:

Karotten schälen und reiben. Die Reissuppe aufkochen und die geriebenen Karotten sowie Salz zufügen. 10 Min. kochen.

3.42 Kartoffel-Basilikumsuppe

Lindert Entzündungen, fördert Verdauung, harntreibend, senkt Cholesterinspiegel und Blutdruck, bakterizid, stärkt Immunsystem, beugt Krebs vor, reduziert Strahlenverletzungen, antioxidativ, löst Stagnation.

Anzahl Portionen:　4
Kalorien p. Portion　96
Gramm p. Portion　330,12
Kochdauer ca.　25 min.
Allergene:　L
(Kohlehydrat:68,68% / Eiweiß & Fett:31,32%)
100g.≈ Eiweiß 3,24g. Fett:2,99g.
µg. - Ph:7,65 Na:13,39 Ka:52,12 Mg:2,43 Ca:11,65 Fe:0,11 Zn:0,01 Col.:0 Hsr.:7,59

Zutaten:
Wasser 500 ml / 450g. (ja)
Kartoffel 4 Stück / 200g. (ja)
Karotte (Mohrrübe, Möhre) 2 Stück / 100g. (empfehlenswert)
Sellerie Knolle 1 Stück / 500g. (empfehlenswert)
Pfeffer gemahlen 1 Prise / 0,5g. ()
Kümmel 1 Prise / 1g. (ja)
Knoblauch 1 Zehe / 3g. (ja)
Salz 1 Prise / 1g. (wenig)
Zitrone 1 TL / 3g. (ja)
Basilikum (frisch) 1 Bund / 50g. (ja)
Paprika (Rosenpaprikapulver) 1 Prise / 1g. (ja)
Zucker Ursüße (Zuckerrohr) süß 1 Prise / 1g. (wenig)
Olivenöl 1 EL / 10g. (ja)

Kochanleitung:
4 mittelgroße Kartoffeln, 2 mittelgroße Karotten und 1 Stück
Knollensellerie geschält und kleingeschnitten in heißes Wasser geben
und zusammen mit einer Prise Pfeffer und Salz, einer Prise
gemahlenem Kümmel, einer kleinen zerdrückten Knoblauchzehe und 1
TL Zitronensaft köcheln, bis das Gemüse weich ist. Von 1 Bund
Basilikum (fein gehackt) eine Hälfte in
die Suppe geben und alles pürieren. Die andere Hälfte anschließend
unterrühren und mit Rosenpaprika, einer Prise Vollrohrzucker, 1 EL
Olivenöl oder Butter, frisch gemahlenem Pfeffer und Salz
abschmecken.

3.43 Kartoffeln mit Löwenzahnsalat

Stärkt Milz, lindert Entzündungen, regeneriert Haut, harntreibend, senkt
Cholesterinspiegel, entgiftet, stärkt Magen und Verdauungssystem,
bakterizid, löst Stagnation.
Anzahl Portionen: 2
Kalorien p. Portion 162
Gramm p. Portion 203,25
Kochdauer ca. 25 min.
(Kohlehydrat:70,33% / Eiweiß & Fett:29,67%)
100g.≈ Eiweiß 4,28g. Fett:5,59g.
µg. - Ph:26,55 Na:13,01 Ka:175,89 Mg:11,87 Ca:27,38 Fe:0,61 Zn:0,14 Col.:0,01
Hsr.:14,21

Zutaten:
Kartoffel 250 g. / 250g. (ja)
Zwiebel weiss 1/2 Stück / 20g. (ja)
Sonnenblumenöl 1 EL / 10g. (ja)
Löwenzahn (junger) 125 g. / 125g. (ja)
Salz 1 Prise / 1g. (wenig)
Pfeffer weiss (gemahlen) 1 Prise / 0,5g. (ja)

Kochanleitung:
Die Kartoffeln in Salzwasser garen und in dünne Scheiben schneiden.
Löwenzahnblätter klein schneiden. Feingehackte Zwiebel und Öl
dazugeben, mit Salz und Pfeffer würzen und alles vermischen.

3.44 Kompott aus Äpfeln

Apfel (süß) stoppt Durchfall, fördert Verdauung, regt Appetit an,
harmonisiert Magen, erwärmt Magen und Milz, fördert Durchblutung.
Anzahl Portionen: 2
Kalorien p. Portion   67
Gramm p. Portion   220,5
Kochdauer ca.   10 Min.
(Kohlehydrat:95,64% / Eiweiß & Fett:4,36%)
100g.≈ Eiweiß 0,24g. Fett:0,46g.
µg. - Ph:2,81 Na:1,03 Ka:36,45 Mg:1,81 Ca:4,33 Fe:0,13 Zn:0,03 Col.:0 Hsr.:3,74

Zutaten:
Apfel (süß) 1 Stück / 220g. (empfehlenswert)
Wasser 2 Tassen / 220g. (ja)
Zimtpulver 1 Prise / 1g. (ja)

Kochanleitung:
Bio-Apfel mit Schalen und Kernen klein geschnitten im Wasser weich
kochen und mit Zimt bestreuen.

3.45 Kürbiscurry

Fördert Verdauung und Schwitzen, löst Stagnation, reduziert Wind,
stärkt Lunge und Milz, stärkt Magen, Verdauungssystem, Muskeln und
Knochen, ist harntreibend und entgiftend.
Anzahl Portionen: 3
Kalorien p. Portion 193
Gramm p. Portion 251
Kochdauer ca.   20 Min.
(Kohlehydrat:63% / Eiweiß & Fett:37%)
100g.≈ Eiweiß 2,72g. Fett:10,61g.
µg. - Ph:5,14 Na:0,86 Ka:16,34 Mg:2,68 Ca:2,29 Fe:0,06 Zn:0,02 Col.:0 Hsr.:1,54

Zutaten:
Kürbis 300 g. / 300g. (ja)
Olivenöl 2 EL / 30g. (ja)
Koriander 1 Prise / 1g. (ja)
Pfeffer gemahlen 1 Prise / 0,5g. ()
Curry 1 Prise / 1g. (ja)
Wasser 50 ml / 50g. (ja)
Salz 1 Prise / 1g. (wenig)
Petersilie 1 EL / 7g. (ja)
Kardamom 1 Prise / 1g. (ja)
Kurkuma (Gelbwurz) 1 Prise / 1g. (ja)
Reis Vollkorn 1/2 Tasse / 60g. (empfehlenswert)
Wasser 3 Tassen / 300g. (ja)
Salz 1 Prise / 1g. (wenig)

Kochanleitung:
Olivenöl in einer Pfanne erhitzen, in Würfel geschnittenen Kürbis darin andünsten, mit Koriander, Pfeffer und Curry würzen
und mit wenig Wasser ablöschen. Meersalz zufügen, klein geschnittene Petersilie zugeben und mit Kardamom und Kurkuma abrunden. Auf kleinem Feuer ca. 10 Min. je nach Kürbisart köcheln; er sollte noch bissfest sein. Den Reis in gesalzenem Wasser aufkochen und auf kleiner Stufe ca. 15 Min. quellen lassen.

3.46 Kürbissuppe

Fördert Verdauung, stärkt Magen und Milz, senkt Blutdruck, bakterizid, stärkt Immunsystem, beugt Krebs vor, reduziert Strahlenverletzungen, regeneriert Haut, senkt Cholesterinspiegel, senkt Blutzucker, schützt Leber.
Anzahl Portionen: 3
Kalorien p. Portion   104
Gramm p. Portion   236,33
Kochdauer ca.   1 Stunde
(Kohlehydrat:71% / Eiweiß & Fett:29%)
100g.≈ Eiweiß 2,54g. Fett:3,64g.
µg. - Ph:4,02 Na:0,96 Ka:24,72 Mg:1,82 Ca:2,89 Fe:0,08 Zn:0,02 Col.:0 Hsr.:1,08

Zutaten:
Kürbis 300 g. / 300g. (ja)
Karotte (Mohrrübe, Möhre) 2 Stück / 100g. (empfehlenswert)
Kartoffel 2 Stück / 120g. (ja)
Olivenöl 1 EL / 10g. (ja)
Zwiebel weiss 1 Stück / 50g. (ja)

Wasser 1 Tasse / 120g. (ja)
Petersilie 1 EL / 7g. (ja)
Anis (gemeiner Fenchel) 1 Prise / 1g. (ja)
Salz 1 Prise / 1g. (wenig)

Kochanleitung:
Olivenöl in einer Pfanne erhitzen. In Würfel geschnittenen Kürbis, gewürfelte Karotten und Kartoffeln dazugeben und kurz anbraten. Klein geschnittene Zwiebel zugeben, mit Wasser auffüllen (Gemüse mindestens drei fingerbreit bedecken), aufkochen und leise köcheln lassen. Mit Meersalz und einer Prise Anis würzen, klein geschnittene Petersilie dazugeben. Alles zusammen ca. 35 Min. köcheln lassen. Anschließend die Suppe pürieren und evtl. Wasser zugeben, je nach Konsistenz.

3.47 Kuzusuppe in der Früh

Liefert viele Vitamine und Mineralstoffe. Gegen chronischen Husten, Asthma, Durchfall und Durst bei Diabetes mellitus.

Anzahl Portionen: 1
Kalorien p. Portion 2
Gramm p. Portion   254
Kochdauer ca.   5 min.
Allergene: E
(Kohlehydrat:32,97% / Eiweiß & Fett:67,03%)
100g.≈ Eiweiß 0,36g. Fett:0g.
µg. - Ph:1,65 Na:46,02 Ka:2,83 Mg:1,32 Ca:5,07 Fe:0,03 Zn:0,1 Col.:0 Hsr.:0

Zutaten:
Kuzu 1 TL / 3g. (ja)
Wasser 1/4 Liter / 250g. (ja)
Sojasauce 1 Schuss / 2g. (ja)
Umeboshipaste 1 Messerspitze / 2g. (ja)

Kochanleitung:
Kuzu mit kaltem Wasser anrühren und unter Rühren zum Kochen bringen. Sobald es glasig wird, vom Herd nehmen und abkühlen lassen. Mit Tamari und Umeboshipaste oder zerkleinerten Umeboshi-Pflaumen abschmecken. Vor dem richtigen Frühstück eingenommen, bietet dieses Rezept immer die Möglichkeit, Ihren Magen und Darm zu unterstützen. Eine morgendliche Kur für Magen und Schleimhäute. Bringt den Basenhaushalt in Ordnung.

3.48 Lachs auf Tomaten-Spinat

Nährt und stärkt Blut, fördert Ausscheidung, fördert Durchblutung, stärkt Magen-Darm-Funktion, lindert Entzündungen, regeneriert Haut, harntreibend, senkt Cholesterinspiegel, fördert Schwitzen, löst Stagnation.

Anzahl Portionen: 6
Kalorien p. Portion 365
Gramm p. Portion 354,58
Kochdauer ca. 1 Stunde
Allergene: D
(Kohlehydrat:27,24% / Eiweiß & Fett:72,76%)
100g.≈ Eiweiß 29,54g. Fett:29,9g.
µg. - Ph:19,28 Na:7,43 Ka:53,46 Mg:5,01 Ca:8,25 Fe:0,27 Zn:0,01 Col.:0,28 Hsr.:12,16

Zutaten:
Kartoffel 500 g. / 500g. (ja)
Salz 1 Prise / 1g. (wenig)
Lachs 600 g. / 600g. (empfehlenswert)
Rapsöl 2 TL / 24g. (empfehlenswert)
Tomate 100 g. / 100g. (empfehlenswert)
Spinat 700 g. / 700g. (ja)
Salz 1 Prise / 1g. (wenig)
Pinienkerne 4 EL / 40g. (ja)
Lauch (Porree) 120 g. / 120g. (ja)
Olivenöl 4 EL / 40g. (ja)
Salz 1 Prise / 1g. (wenig)
Pfeffer weiss (gemahlen) 1 Prise / 0,5g. (ja)

Kochanleitung:
Kartoffeln schälen, würfelig schneiden und in Salzwasser gar kochen. Den Lachs in Portionen schneiden und in einer Pfanne von beiden Seiten, leicht mit Salz und Pfeffer gewürzt langsam und gleichmäßig braten, später die Pinienkerne dazugeben und leicht anrösten. Spinat in Salzwasser blanchieren, den klein geschnittenen Lauch mit etwas Rapsöl leicht anschwitzen, den blanchierten Spinat dazugeben und gleichmäßig erwärmen. Kurz vor dem Anrichten die halbierten Cocktailtomaten zum Spinat geben und das Gemüse gut mit Salz und Pfeffer abschmecken. Das Spinat-Lauch-Tomaten-Bett mit den Kartoffeln anrichten, den Lachs dazugeben und die gesalzenen Pinienkerne darauf streuen. Das Gericht mit wenig Olivenöl beträufeln und servieren.

3.49 Lammgeschnetzeltes mit Rosmarinkartoffeln

Verbessert Verdauung, regeneriert Haut, harntreibend, senkt Cholesterinspiegel und Blutdruck, bakterizid, stärkt Immunsystem, stärkt Magen-Darm-Funktion, erweitert Blutgefäße.

Anzahl Portionen: 4
Kalorien p. Portion 461
Gramm p. Portion 352,25
Kochdauer ca. 1 Stunde
Allergene: LO
(Kohlehydrat:28% / Eiweiß & Fett:72%)
100g.≈ Eiweiß 25,64g. Fett:27,86g.
μg. - Ph:6,56 Na:8,3 Ka:15,83 Mg:1,28 Ca:1,44 Fe:0,08 Zn:0,12 Col.:1,75 Hsr.:4,74

Zutaten:
Lamm Fleisch 450 - 500 g. / 500g. (ja)
Olivenöl 2 EL / 20g. (ja)
Zwiebel weiss 1 Stück / 50g. (ja)
Knoblauch 1 Zehe / 2g. (ja)
Muskatnuss 1 Prise / 0,2g. (ja)
Karotte (Mohrrübe, Möhre) 3 Stück / 150g. (empfehlenswert)
Sellerie Knolle 1/4 Knolle / 120g. (empfehlenswert)
Rosmarin 1 Zweig / 3g. (ja)
Bohnenkraut 1 TL / 2g. (empfehlenswert)
Petersilie 1 EL / 8g. (ja)
Paprika (Rosenpaprikapulver) 1 Prise / 2g. (ja)
Rotwein 1/8 Liter / 125g. (wenig)
Salz Kräutersalz 1 Prise / 1g. (ja)
Zitrone Saft 1/2 Stück / 15g. (ja)
Preiselbeere 1 EL / 10g. (empfehlenswert)
Kartoffel 6 Stück / 400g. (ja)

Kochanleitung:
Lammfleisch in Streifen, Karotten und Sellerie in kleine Würfel schneiden. Olivenöl in der Pfanne erhitzen, Lammfleisch darin anbraten, geschnittene Zwiebeln und Knoblauch zugeben, salzen und mit wenig Wasser und dem Rotwein ablöschen. Petersilie, Paprika, klein geschnittenen Rosmarin, Beifuß, Bohnenkraut, Karotten und Sellerie zugeben und auf kleiner Stufe ca. 35 Min. köcheln lassen. Abschmecken mit Pfeffer, Muskat und evtl. noch mal Salz und Paprika. Wenig Zitronensaft zugeben und Preiselbeeren unterziehen. Kartoffeln der Länge nach halbieren, wenig Olivenöl auf die Schnittflächen streichen, salzen, 2-3 Rosmarinnadeln auf jede halbe Kartoffel streuen, auf Backblech setzen und im vorgeheizten Backofen ca. 25 Min. bei 190 Grad backen.

3.50 Linsen-Kastanien-Suppe mit Curry

Senkt Blutdruck, bakterizid, stärkt Immunsystem, beugt Krebs vor, reduziert Strahlenverletzungen, stärkt Magen, löst Stagnation, fördert Gewichtsabnahme. Gut bei Abwehrschwäche, Appetitlosigkeit, Blähungen, Bluthochdruck, Depressionen, Diabetes, Durchfall

Anzahl Portionen: 4
Kalorien p. Portion 175
Gramm p. Portion 238,25
Kochdauer ca. 45 Min.
Allergene: LO
(Kohlehydrat:83% / Eiweiß & Fett:17%)
100g.≈ Eiweiß 4,17g. Fett:4,33g.
µg. - Ph:2,67 Na:3,8 Ka:7,98 Mg:4,63 Ca:15,86 Fe:0,06 Zn:0,02 Col.:0 Hsr.:2,07

Zutaten:
Linsen rot 150 g. / 150g. (ja)
Kastanien (Maronen) 150 g. / 150g. (ja)
Olivenöl 1 EL / 10g. (ja)
Curry 2 TL / 8g. (ja)
Grundrezept für eine Gemüsebrühe nahrhaft 1/2 Liter / 500g. (ja)
Kurkuma (Gelbwurz) 1 TL / 2g. (ja)
Weißwein 1/8 Liter / 125g. (wenig)
Salz Kräutersalz 1 Prise / 1g. (ja)
Anis (gemeiner Fenchel) 1 Prise / 1g. (ja)
Kardamom 1 Prise / 0,5g. (ja)
Petersilie 2 EL / 6g. (ja)

Kochanleitung:
Olivenöl in eine Pfanne geben, Kastanien darin kurz andünsten, Curry drüberstreuen, Linsen zugeben und mit Gemüsebrühe aufgießen. Ganz wenig Weißwein zugeben, Kurkuma untermischen, aufkochen lassen und rund 20 Min köcheln lassen bis die Kastanien weich sind. Anschließend die Suppe pürieren und abschmecken mit einer Prise Anis, Kardamom und Kräutersalz. Am Schluss klein geschnittene Petersilie drüberstreuen.

3.51 Marinierte Pute mit Cashewkernen aus dem Wok

Stärkt Blut, baut Milz und Magen auf, stärkt Knochenmark, zur Entwässerung des Körpers bei Übergewicht und Bluthochdruck. Fördert Verdauung, hilft, Fett zu verdauen, harntreibend, senkt Blutdruck.

Anzahl Portionen: 4
Kalorien p. Portion 318
Gramm p. Portion 328
Kochdauer ca. 30 Min.
Allergene: ELNO
(Kohlehydrat:55% / Eiweiß & Fett:45%)
100g.≈ Eiweiß 21,49g. Fett:10,29g.
µg. - Ph:5,57 Na:1,6 Ka:8,53 Mg:2,17 Ca:2,33 Fe:0,05 Zn:0,04 Col.:0,87 Hsr.:2,62

Zutaten:
Pute Brustfleisch 300 g. / 300g. (empfehlenswert)
Sake bis bedeckt / g. (ja)
Sesamöl 2 EL / 30g. (empfehlenswert)
Ingwer frisch 1/2 TL / 2g. (ja)
Salz 1 Prise / 0,5g. (wenig)
Zitrone 1/2 Stück / 15g. (ja)
Rotwein 1/8 Liter / 125g. (wenig)
Zucker Ursüße (Zuckerrohr) süß 1 Prise / 1g. (wenig)
Zwiebel Frühlingszwiebel 4 Stück / 80g. (ja)
Tomate 2 Stück / 100g. (empfehlenswert)
Grundrezept für eine Hühnerbrühe wärmend 1 Tasse / 120g. (ja)
Cashewnüsse 2 EL / 16g. (ja)
Sojasauce 1 Schuss / 2g. (ja)
Reis Basmatireis 1 Tasse / 120g. (ja)
Wasser 6 Tassen / 400g. (ja)
Salz 1 Prise / 0,5g. (wenig)

Kochanleitung:
Vorbereitung: Geschnetzeltes Putenfleisch mit Reiswein knapp bedecken und einige Stunden oder über Nacht marinieren lassen. Danach: Die Marinade abseihen und das Fleisch gut abtropfen lassen. In einem Wok Sesamöl erhitzen und fein geschnittenen Ingwer darin anbraten. Das Fleisch dazu geben und kurz anbraten. Dann die Marinade zufügen und mit Salz, Zitronensaft, Rotwein oder Rosenpaprika würzen. Das Fleisch 2-3 Min. in der Soße ziehen lassen und dann herausnehmen. Etwas Vollrohrzucker, die weißen Teile einiger Frühlingszwiebel, eine Prise Salz, kleingeschnittene Tomaten und 1 Tasse Hühnerbrühe in den Wok geben und köcheln, so dass die Zwiebeln noch knackig sind. Geröstete Cashewkerne und das Fleisch in die Soße geben und erhitzen. Mit Sojasoße abschmecken und das

Grün der kleingeschnittenen Frühlingszwiebeln unterheben. Nebenbei den Reis in gesalzenem Wasser ca. 20 Min. kochen.

3.52 Misosuppe mit Tofu

Liefert Vitamine, Mineralien, Enzyme und sekundäre Pflanzenwirkstoffe. Alginsäure entgiftet den Darm, löst Stagnation. Belebt, entgiftet, stärkt das Immunsystem, fördert Verdauung, stärkt Magen, lindert Blähungen.

Anzahl Portionen: 3
Kalorien p. Portion 51
Gramm p. Portion 231,33
Kochdauer ca. 5 min.
Allergene: E
(Kohlehydrat:43,33% / Eiweiß & Fett:56,67%)
100g.≈ Eiweiß 4,44g. Fett:1,66g.
µg. - Ph:11,31 Na:58,1 Ka:19,06 Mg:5,88 Ca:7,16 Fe:0,06 Zn:0,01 Col.:0 Hsr.:3,33

Zutaten:
Wakame 1 Stück / 5g. (ja)
Miso 3-4 EL / 30g. (ja)
Soja Tofu 50 g. / 50g. (ja)
Wasser 1/2 Liter / 500g. (ja)
Sojasauce 1 Schuss / 3g. (ja)
Zwiebel Frühlingszwiebel 1/2 EL / 6g. (ja)

Kochanleitung:
Wasser, Sojakeimlinge, Wakamealge und in Würfel geschnittenen Tofu 5 Min. aufwärmen. Misopaste in Suppenteller geben und langsam mit heißer Suppe übergießen. Mit Tamari abschmecken. Eventuell Frühlingszwiebeln dazugeben.

3.53 Nierenbohneneintopf mit Lamm und Salbei

Lindert Schwächezustände, stärkt Lunge, Milz und Magen, harntreibend, stärkt Magen-Darm-Funktion, erweitert Blutgefäße, bakterizid, beugt Krebs vor, beugt Krankheiten vor (bei älteren Menschen).

Anzahl Portionen: 4
Kalorien p. Portion 391
Gramm p. Portion 339
Kochdauer ca. 1 1/2 Stunden
Allergene: F
(Kohlehydrat:41% / Eiweiß & Fett:59%)
100g.≈ Eiweiß 25,94g. Fett:17,91g.
µg. - Ph:2,86 Na:3,18 Ka:4,62 Mg:0,58 Ca:1,08 Fe:0,6 Zn:0,05 Col.:0,73 Hsr.:4,01

Zutaten:
Sojaöl 3 EL / 30g. (ja)
Zwiebel weiss 2 Stück / 120g. (ja)
Lamm Fleisch 200 g / 200g. (ja)
Salbei 4-5 Blätter / 2g. (ja)
Salz 1 Prise / 0,5g. (wenig)
Rosmarin 1/2 TL / 2g. (ja)
Thymian 1/2 TL / 2g. (ja)
Nierenbohnen (rote) 250 g. / 250g. (ja)
Wasser 3/4 Liter / 750g. (ja)

Kochanleitung:
Nierenbohnen über Nacht in Wasser einweichen und abseihen. Zwiebel in Öl anrösten, das in Würfel geschnittene Lammfleisch zufügen und mit Salz, Salbei, Rosmarin und Thymian würzen. Lamm gut anrösten, Topf zudecken und bei kleiner Flamme dünsten lassen und nach 10 Min. ¾ Liter kaltes Wasser zugeben. Nochmals salzen, zum Kochen bringen und Bohnen zufügen. Mind. 1 Std. köcheln lassen bis Bohnen und Fleisch weich sind.

3.54 Obstsaftgetränk

Stoppt Durchfall, fördert Verdauung, appetitanregend, harmonisiert Magen, lindert Schmerzen, entgiftet, bakterizid,
 senkt Blutdruck, stärkt Immunsystem, beugt Krebs vor, reduziert Strahlenverletzungen.
Anzahl Portionen: 2
Kalorien p. Portion 175
Gramm p. Portion   305
Kochdauer ca.   10 Min.
(Kohlehydrat:93% / Eiweiß & Fett:7%)
100g.≈ Eiweiß 1,89g. Fett:0,9g.
µg. - Ph:4,99 Na:2,24 Ka:37,45 Mg:2,36 Ca:6,04 Fe:0,21 Zn:0,05 Col.:0 Hsr.:4,3

Zutaten:
Orange 2 Stück / 150g. (ja)
Apfel (süß) 4 Stück / 300g. (empfehlenswert)
Karotte (Mohrrübe, Möhre) 2 Stück / 150g. (empfehlenswert)
Honig 1 EL / 10g. (ja)

Kochanleitung:
Orangen und Karotten schälen, alle Zutaten würfelig schneiden, damit sie in die Saftpresse passen und entsaften, mit Honig süßen.

3.55 Polenta mit Pfirsich

Lindert Müdigkeit, stärkt Magen, harntreibend, stärkt die Abwehr, gegen Pilzinfektionen, lässt Gallensaft fließen, beugt Alterungsprozessen vor, stärkt Gehirnzellen.

Anzahl Portionen: 3
Kalorien p. Portion 197
Gramm p. Portion 254,03
Kochdauer ca. 20 min
(Kohlehydrat:89,44% / Eiweiß & Fett:10,56%)
100g.≈ Eiweiß 4,48g. Fett:0,6g.
µg. - Ph:8,27 Na:0,36 Ka:35,48 Mg:2,78 Ca:3,07 Fe:0,14 Zn:0,02 Col.:0 Hsr.:4,67

Zutaten:
Wasser 2 Tassen / 240g. (ja)
Mais Gries (Polenta) 1 Tasse / 120g. (ja)
Pfirsich 2-3 Stück / 400g. (empfehlenswert)
Vanilleschote 1 Prise / 1g. (ja)
Chili (Schote oder gemahlen) 1 Prise / 0,1g. (ja)
Zimtpulver 1 Prise / 1g. (ja)

Kochanleitung:
Die Polenta in einen Topf mit heißem Wasser unter ständigem Rühren einrieseln lassen, bis die gewünschte Konsistenz erreicht ist. Vom Herd nehmen und ca. 10 Min. ausquellen lassen. Frische Pfirsiche waschen, vierteln und in die fertige Polenta hineinschneiden. Vanille und nach Geschmack Chili unterrühren und 3 Min. ziehen lassen. Wintervariante :eingelegtes Obst, Birne, Apfel

3.56 Reis-Congee mit Honigbirne und schwarzem Sesam

Fördert Verdauung, harntreibend, befeuchtet Darm. Gut bei Durchblutungsstörungen, Thrombose, Emboliegefahr, Bluthochdruck, Kopfschmerzen, Herzinfarkt und Schlaganfall.

Anzahl Portionen: 2
Kalorien p. Portion 159
Gramm p. Portion 271,5
Kochdauer ca. 10 Min. - 3 Stunden
Allergene: N
(Kohlehydrat:95,26% / Eiweiß & Fett:4,74%)
100g.≈ Eiweiß 2,44g. Fett:1,55g.
µg. - Ph:9,61 Na:0,87 Ka:36,88 Mg:70,3 Ca:68,61 Fe:0,18 Zn:0,06 Col.:0 Hsr.:5,76

Zutaten:

Grundrezept für eine Reissuppe (Congee) 2 Tassen / 240g. (ja)
Birne 2 Stück / 300g. (empfehlenswert)
Sesam, Schwarzer 1 TL / 3g. (ja)

Kochanleitung:

Reis-Congee nach Grundrezept kochen oder vorbereiteten verwenden.
Topf mit 3 cm Wasser befüllen und aufkochen lassen. Birnen vierteln
(mit Haut und Kernen) und hineingeben und mit schwarzem Sesam 10
Min. zugedeckt köcheln lassen. Mit dem Reis mischen.

3.57 Reis-Congee mit Mungbohnen

Gut bei Durchblutungsstörungen, Durchfall, Fieber, Bluthochdruck,
Kopfschmerzen und zur Entwässerung des Körpers bei Übergewicht.
Lindert übermäßigen Durst, harntreibend, reduziert Blutfett, lindert
Allergien.

Anzahl Portionen: 2
Kalorien p. Portion 424
Gramm p. Portion 289
Kochdauer ca. bis zu 2 Stunden
(Kohlehydrat:88% / Eiweiß & Fett:12%)
100g.≈ Eiweiß 8,18g. Fett:10,07g.
µg. - Ph:12,07 Na:0,48 Ka:6,52 Mg:71,36 Ca:66,11 Fe:0,09 Zn:0,05 Col.:0 Hsr.:6,16

Zutaten:

Grundrezept für eine Reissuppe (Congee) 4 Tassen / 500g. (ja)
Mungbohne 1/2 Tasse / 50g. (ja)
Kräuter verschiedene 2 EL / 8g. (ja)
Rapsöl 2 EL / 20g. (empfehlenswert)

Kochanleitung:

Am Vortag eingeweichte Mungbohnen abseihen. Reis nach
Grundrezept kochen und die Mungbohnen mit dem Reis mitkochen.
Zum Schluss frische Kräuter und einen Schuss hochwertiges
kaltgepresstes Öl dazugeben.

3.58 Reisnudelsuppe mit Shiitakepilzen

Sehr leicht und kräftigend zugleich, stärkt das Immunsystem.

Anzahl Portionen: 2
Kalorien p. Portion 65
Gramm p. Portion 173
Kochdauer ca. 20 Min.
Allergene: L
(Kohlehydrat:86% / Eiweiß & Fett:14%)
100g.≈ Eiweiß 3,23g. Fett:1,3g.
µg. - Ph:13,08 Na:44,73 Ka:17,94 Mg:24,74 Ca:81,93 Fe:0,21 Zn:0,07 Col.:0 Hsr.:7,24

Zutaten:

Reisnudeln 2 Handvoll / 20g. (ja)
Shiitake, getrocknet 4-6 Stück / 5g. (ja)
Grundrezept für eine Gemüsebrühe nahrhaft 2 Tassen / 240g. (ja)
Chinakohl 1 Tasse / 60g. (empfehlenswert)
Liebstöckel 1 TL / 3g. (ja)
Miso 2 EL / 18g. (ja)

Kochanleitung:

Reisnudeln und Shiitakepilze getrennt in kaltem Wasser einweichen. Gemüsebrühe erhitzen und eingeweichte, in Streifen geschnittene Shiitakepilze zugeben und leicht köcheln. Chinakohl nudelig schneiden, Liebstöckelgrün und Reisnudeln zugeben und kurz ziehen lassen. Vor dem Servieren in etwas abgekühltem Kochwasser gelöstes Miso einrühren. Empfehlung: geeignet zu Beginn jeder Mahlzeit, auch als Frühstück

3.59 Rhabarber-Apfel-Grütze

Liefert Antioxidantien und viel Vitamin C. Führt ab, kühlt Hitze, lindert Schmerzen, entgiftet, bakterizid, erwärmt Magen und Milz, fördert Durchblutung.

Anzahl Portionen: 2
Kalorien p. Portion 180
Gramm p. Portion 276,5
Kochdauer ca. 15 Min.
(Kohlehydrat:95,59% / Eiweiß & Fett:4,41%)
100g.≈ Eiweiß 1,2g. Fett:0,58g.
µg. - Ph:14,75 Na:1,5 Ka:93,5 Mg:7,43 Ca:12,73 Fe:0,29 Zn:0,07 Col.:0 Hsr.:6,21

Zutaten:
Rhabarber 200 g / 200g. (empfehlenswert)
Apfelsaft (Naturtrüb) 300 ml. / 300g. (ja)
Maisstärke 30 g. / 30g. (ja)
Honig 20 g. / 20g. (ja)
Vanillezucker natur 1 Prise / 0,5g. (ja)
Zimtpulver 1 Prise / 0,5g. (ja)
Pfefferminze 2 Blätter / 2g. (ja)

Kochanleitung:
Die Maisstärke mit ½ Tasse Apfelsaft glattrühren. Den Rhabarber mit
einer Tasse Wasser 10 Min. dünsten, den restlichen Apfelsaft zufügen,
mit der angerührten Stärke abbinden und nochmals aufkochen. Mit dem
Honig süßen und mit Vanille und Zimt würzen. Die Grütze auf
Dessertschälchen verteilen und mit Minze garnieren.

3.60 Rinderkraftbrühe

Erwärmend und nährend, baut Kräfte auf.
Anzahl Portionen: 7
Kalorien p. Portion 125
Gramm p. Portion 263,57
Kochdauer ca. 2-6 Stunden
Allergene: L
(Kohlehydrat:11,28% / Eiweiß & Fett:88,72%)
100g.≈ Eiweiß 21,12g. Fett:3,81g.
µg. - Ph:8,55 Na:2,68 Ka:15,22 Mg:1,38 Ca:2,17 Fe:0,15 Zn:0,03 Col.:0,4 Hsr.:6,57

Zutaten:
Wasser 1 Liter / 1000g. (ja)
Zitrone 2 Spritzer / 2g. (ja)
Rind Fleisch 500 g. / 500g. (ja)
Rind Fleischknochen 2 Stück / 0g. (ja)
Kurkuma (Gelbwurz) gute Prise / 1g. (ja)
Karotte (Mohrrübe, Möhre) 2 Stück / 100g. (empfehlenswert)
Sellerie Knolle 3 cm / 25g. (empfehlenswert)
Petersilienwurzel 1 Stück / 150g. (ja)
Zwiebel weiss 1 Stück / 50g. (ja)
Lorbeerblatt 2-3 Blatt / 2g. (ja)
Koriander 1/2 TL / 2g. (ja)
Ingwer frisch 2 cm. / 2g. (ja)
Wakame 2 cm. / 1g. (ja)
Petersilie 1 Stiel / 10g. (ja)

Kochanleitung:
Fleisch und Fleischknochen mit kaltem Wasser knapp bedeckt aufsetzen und einige Spritzer Zitronensaft und etwas Kurkuma dazugeben, zum Kochen bringen und einen Moment kochen lassen. Dann die ganze Brühe weggießen, den Topf säubern, Fleisch und Knochen mit heißem Wasser abspülen (dadurch erspart man sich das Abschäumen) und mit 1 l heißem Wasser erneut aufsetzen mit folgenden Zutaten: eine gute Prise Kurkuma, Karotten, Sellerie, Petersilienwurzel, Zwiebel, Lorbeerblätter, Koriander, ein Stück in Scheiben geschnittenen Ingwer, ein Streifen Wakame und ein Stiel Petersilie. Alles zusammen aufkochen und 2-6 Std. köcheln lassen (wenn das Fleisch anderweitig verwendet werden soll, nimmt man es nach 1,5-2 Std. aus der Brühe, sobald es gar ist. Die Knochen gibt man zurück in die Brühe). Nach Ende der Kochzeit die Brühe durch ein Sieb geben und nur diese behalten ohne alle Zutaten. Hinweise: Je länger die Brühe gekocht hat, um so erwärmender und nährender ist sie. Sie ist nach dem Abkühlen 3-4 Tage im Kühlschrank haltbar. Die Brühe kann heiß getrunken werden oder dient als Basis für Suppen mit Getreide, Kartoffeln und frischem Gemüse.

3.61 Rindfleisch-Kürbis-Gemüse-Eintopf

Lindert Entzündungen, verbessert Verdauung, reduziert Blutzucker, stärkt Muskeln, Sehnen und Knochen, hilft Fett
zu verdauen.

Anzahl Portionen: 4
Kalorien p. Portion 368
Gramm p. Portion   403,88
Kochdauer ca.   1 Stunde
Allergene: AL
(Kohlehydrat:47,68% / Eiweiß & Fett:52,32%)
100g.≈ Eiweiß 30,33g. Fett:11,31g.
µg. - Ph:18,15 Na:12,9 Ka:63,49 Mg:6,73 Ca:14,8 Fe:0,3 Zn:0,08 Col.:1 Hsr.:11,31

Zutaten:
Rind Fleisch 350 g. / 350g. (ja)
Kürbis 350 g. / 350g. (ja)
Lauch (Porree) 150 g. / 150g. (ja)
Kartoffel 350 g. / 350g. (ja)
Tomate 150 g. / 150g. (empfehlenswert)
Olivenöl 2 EL / 25g. (ja)
Grundrezept für eine Gemüsebrühe nahrhaft 125 g. / 125g. (ja)
Salz 1 Prise / 1g. (wenig)
Pfeffer gemahlen 1 Prise / 0,5g. ()
Paprika (Rosenpaprikapulver) 1 TL / 2g. (ja)

Kümmel gemahlen 1 Prise / 1g. (ja)
Zucker Ursüße (Zuckerrohr) süß 1 Prise / 1g. (wenig)
Petersilie 1/2 Bund / 30g. (ja)
Weißbrot (Weizenbrot) 4 Scheiben / 80g. (wenig)

Kochanleitung:
Rindfleisch in Würfel schneiden. Kürbis schälen und würfeln. Lauch in
Ringe schneiden und geschälte Kartoffeln würfeln. Die Tomaten mit
kochendem Wasser überbrühen, Haut abziehen und würfeln. Fleisch in
Olivenöl anbraten und mit Gemüsebrühe auffüllen. Das geputzte
Gemüse dazugeben und mit Salz, Pfeffer, Paprika, Kümmel und
Fruchtzucker abschmecken. 30 Min bei schwacher Hitze schmoren.
Noch einmal würzen und mit Petersilie bestreut mit Weißbrot servieren.

3.62 Rindfleischsalat

Stärkt Milz, Magen, Blut, Muskeln, Sehnen und Knochen, kühlt und
befeuchtet, harntreibend, entgiftend, unterdrückt Umwandlung von
Zucker in Fett, senkt Cholesterinspiegel, löst Stagnation.

Anzahl Portionen: 1
Kalorien p. Portion 249
Gramm p. Portion 197
Kochdauer ca. 10 Min.
Allergene: O
(Kohlehydrat:54% / Eiweiß & Fett:46%)
100g.≈ Eiweiß 15,71g. Fett:7,9g.
µg. - Ph:151,93 Na:219,82 Ka:142,62 Mg:14,06 Ca:28,43 Fe:1,3 Zn:1,53 Col.:18,53
Hsr.:43,25

Zutaten:
Rind Fleisch 50 g. / 50g. (ja)
Zwiebel weiss 20 g. / 20g. (ja)
Paprika 30 g. / 30g. (empfehlenswert)
Gurke (Gewürzgurke) 30 g. / 30g. (empfehlenswert)
Essig (Apfelessig) 2 TL / 5g. (ja)
Rapsöl 2 TL / 5g. (empfehlenswert)
Salz 1 Prise / 0,5g. (wenig)
Pfeffer gemahlen 1 Prise / 0,1g. ()
Lauchzwiebel Schnittlauch 1 EL / 7g. (ja)
Brot mit Johannisbrotkernmehl 2 Scheiben / 50g. (ja)

Kochanleitung:
Das Fleisch mit dem Grundrezept einer Rinderbrühe kochen, auskühlen lassen und in ca. 1 cm große Scheiben schneiden. Zwiebeln in Ringe, Paprikaschote und Gewürzgurke in kleine Würfel schneiden und alle Zutaten mischen .Salatmarinade aus Essig, Öl und Salz herstellen und darüber verteilen, abschmecken und durchziehen lassen.

3.63 Rucolasalat mit Tomaten

Fördert Verdauung, hilft Fett zu verdauen, wirkt harntreibend und antioxidativ, senkt Blutdruck, zieht Adern zusammen, stärkt Muskeln, hilft bei Gastritis, Verstimmungen des Magens, Verstopfung, Blähungen und Sodbrennen.

Anzahl Portionen: 1
Kalorien p. Portion 129
Gramm p. Portion 241
Kochdauer ca. 10 Min.
Allergene: O
(Kohlehydrat:42% / Eiweiß & Fett:58%)
100g.≈ Eiweiß 2,02g. Fett:10,36g.
µg. - Ph:25,81 Na:8,73 Ka:233,45 Mg:12,42 Ca:14,87 Fe:0,55 Zn:0,17 Col.:0,04
Hsr.:10,79

Zutaten:
Olivenöl 1 EL / 10g. (ja)
Pfeffer gemahlen 1 Prise / 0,2g. ()
Salz 1 Prise / 0,3g. (wenig)
Essig (Apfelessig) 1 Schuss / 1g. (ja)
Tomate 4 Stück / 200g. (empfehlenswert)
Rucola Rauke 2 Handvoll / 30g. ()

Kochanleitung:
In einer Salatschüssel Olivenöl, frisch gemahlenen Pfeffer, Salz, Essig und in kleine Würfel geschnittene Tomaten verrühren. Reichlich fein zerrupfte Rucolablätter untermengen. Varianten: Walnüsse untermengen. Shiitakepilze in feine Streifen schneiden. Eine Hälfte in etwas Butter braten und zusammen mit der anderen Hälfte roher Shiitake unter den Salat mengen. An Stelle von Shiitake können Champignons verwendet werden. Dazu passt: getoastetes Brot, Polenta.

3.64 Rührei mit Blattsalat-Oliven-Tomaten

Beruhigt Nerven und Magen, lindert Müdigkeit, verbessert Magen-Darm-Funktionen, fördert Verdauung, regt Leberfunktion an, entgiftet, hilft Fett zu verdauen, harntreibend, senkt Blutdruck.

Anzahl Portionen: 1
Kalorien p. Portion 420
Gramm p. Portion 264,5
Kochdauer ca. 10 min.
Allergene: C
(Kohlehydrat:8,12% / Eiweiß & Fett:91,88%)
100g.≈ Eiweiß 24,41g. Fett:33,87g.
µg. - Ph:158,24 Na:226,06 Ka:184,43 Mg:13,79 Ca:53,45 Fe:1,72 Zn:1,03 Col.:269,53 Hsr.:7,45

Zutaten:
Huhn Ei 2-3 Stück / 180g. (ja)
Olivenöl 1 EL / 10g. (ja)
Salz 1 Prise / 1g. (wenig)
Pfeffer gemahlen 1 Prise / 0,5g. ()
Oliven 6 Stück / 10g. (ja)
Tomate 1 Stück / 50g. (empfehlenswert)
Kopfsalat 2 Blätter / 5g. (empfehlenswert)
Kurkuma (Gelbwurz) 1 Prise / 1g. (ja)
Petersilie 1/2 EL / 5g. (ja)
Basilikum (frisch) 2-3 Blatt / 2g. (ja)

Kochanleitung:
In der Pfanne Olivenöl erhitzen, Tomate in Scheiben schneiden und Salat in kleine Stücke zupfen. Tomaten, Salat und Oliven kurz andünsten und dabei die Eier mit Salz und Gewürzen mit einer Gabel verrühren und diese Masse in die Pfanne eingießen. Mit einem Holzlöffel umrühren, bis die gewünschte Konsistenz erreicht ist.
Gewürze und Kräuter: Kurkuma, Petersilie, Basilikum, Schwarzkümmel.
Variante: Zucchini, Rucola

3.65 Selleriesalat mit Zitrone und Olivenöl

Mineral- und vitaminreich, stoffwechselfördernd und entwässernd.

Anzahl Portionen: 1
Kalorien p. Portion 402
Gramm p. Portion 250
Kochdauer ca. 10 Min.
Allergene: L
(Kohlehydrat:13% / Eiweiß & Fett:87%)
100g.≈ Eiweiß 2,46g. Fett:40,28g.
µg. - Ph:39,1 Na:105,8 Ka:279,64 Mg:10,56 Ca:64,56 Fe:0,43 Zn:0,1 Col.:0,16 Hsr.:56,8

Zutaten:
Sellerie Knolle 1/2 Stück / 200g. (empfehlenswert)
Zitrone Saft 1/2 Stück / 10g. (ja)
Olivenöl 4 EL / 40g. (ja)

Kochanleitung:
Sellerieknolle schälen, in Stücke schneiden und reiben. Mit Zitronensaft
und Olivenöl anrichten.

3.66 Smoothie mit Spinat Banane und Kiwi

Fördert Ausscheidung, stärkt Magen und Darm, verbessert
Bauchspeicheldrüsenfunktion, unterstützt das Wasserlassen.
Anzahl Portionen: 2
Kalorien p. Portion 87
Gramm p. Portion 242,5
Kochdauer ca. 10 Min.
(Kohlehydrat:83,75% / Eiweiß & Fett:16,25%)
100g.≈ Eiweiß 3,31g. Fett:0,55g.
µg. - Ph:12,98 Na:7,98 Ka:115,51 Mg:11,41 Ca:22,52 Fe:0,59 Zn:0,06 Col.:0 Hsr.:13,15

Zutaten:
Spinat 1 Handvoll / 150g. (ja)
Banane 1 Stück / 115g. (ja)
Kiwi 1 Stück / 70g. (ja)
Wasser 150 g. / 150g. (ja)

Kochanleitung:
Spinat (gut waschen), geschälte Banane und Kiwi mit dem Wasser im
Mixer pürieren. Sie können mit Zucker oder Ahornsirup süßen, wenn es
Ihrem Ernährungsplan entspricht.

3.67 Spargel an Zitronenpesto

Harntreibend, fördert Durchblutung, beugt Krebs vor, stärkt Magen,
fördert Gewichtsabnahme. Hilft bei: Abwehrschwäche, Appetitlosigkeit,
Arteriosklerose, Blähungen, Blasenschwäche, Blutarmut,
Bluthochdruck, Depressionen, Diabetes, Durchfall, Erbrechen.
Anzahl Portionen: 2
Kalorien p. Portion 172
Gramm p. Portion 308,2
Kochdauer ca. 20 Min.
Allergene: H
(Kohlehydrat:30,25% / Eiweiß & Fett:69,75%)
100g.≈ Eiweiß 5,19g. Fett:12,46g.
µg. - Ph:20,3 Na:1,52 Ka:51,43 Mg:6,7 Ca:12,29 Fe:0,25 Zn:0,07 Col.:0,01 Hsr.:10,99

Zutaten:
Spargel (grün oder weiß) 500 g. / 500g. (empfehlenswert)
Zitrone 1 Stück / 35g. (ja)
Wasser heiss 1/2 Tasse / 50g. (ja)
Boxhornkleesamen 1 Prise / 0,2g. (ja)
Olivenöl 2 EL / 20g. (ja)
Mandeln 1 EL / 8g. (ja)
Zucker Ursüße (Zuckerrohr) süß 1 Prise / 0,5g. (wenig)
Knoblauch 1 Zehe / 2g. (ja)
Pfeffer gemahlen 1 Prise / 0,2g. ()
Salz 1 Prise / 0,5g. (wenig)

Kochanleitung:
Spargel waschen und schälen (die weißen ganz, die grünen nur am
unteren Ende) und schräg in etwa 3 cm lange Stücke schneiden. Im
Dampfsieb die weißen ca. 12 Min., die grünen ca. 10 Min. garen. Für
das Pesto, die Zitrone in kleine Stücke schneiden, Kerne entfernen. Die
restlichen Zutaten beigeben und zu einer sämigen Soße pürieren. Den
Spargel anrichten und mit dem Zitronenpesto überziehen. Dazu passt
Reis, Bulgur oder Hirse.

3.68 Spinat mit Sesammus (Tahin)

Fördert Ausscheidung, fördert Durchblutung, stärkt Magen und Darm,
reinigt Blut, verbessert Bauchspeicheldrüsenfunktion, verbessert
Verdauung, regeneriert Haut, harntreibend, senkt Cholesterinspiegel
und ist ein sanftes Abführmittel.
Anzahl Portionen: 4
Kalorien p. Portion 150
Gramm p. Portion 336,25
Kochdauer ca. 20 Min.
Allergene: N
(Kohlehydrat:67% / Eiweiß & Fett:33%)
100g.≈ Eiweiß 8,9g. Fett:3,7g.
µg. - Ph:2,88 Na:1,83 Ka:19,37 Mg:1,71 Ca:4,46 Fe:0,12 Zn:0,02 Col.:0 Hsr.:2,47

Zutaten:
Kartoffel 500 g. / 500g. (ja)
Salz 1 Prise / 0,2g. (wenig)
Wasser 1/4 Liter / 25g. (ja)
Spinat 1 Kg / 800g. (ja)
Sesam Paste (Tahini) 2 EL / 20g. (ja)

Kochanleitung:
Kartoffeln kochen und schälen. Wasser erhitzen und Spinat darin blanchieren. Wasser gut abtropfen lassen und mit Sesammus verrühren.

3.69 Steinpilz-Räuchertofu-Aufstrich auf Toastbrot

Gut bei Appetitlosigkeit, Blähungen, Verdauungsstörungen. Verbessert Schilddrüsenfunktion. Nicht zusammen mit Spinat essen!
Anzahl Portionen: 2
Kalorien p. Portion 169
Gramm p. Portion 227,75
Kochdauer ca. 1 Stunde
Allergene: AEMO
(Kohlehydrat:27,88% / Eiweiß & Fett:72,12%)
100g.≈ Eiweiß 15,23g. Fett:8,01g.
µg. - Ph:55,57 Na:53,54 Ka:112,96 Mg:33,53 Ca:39,19 Fe:0,69 Zn:0,12 Col.:0 Hsr.:35,09

Zutaten:
Steinpilz/Herrenpilz 150 g. / 150g. (ja)
Soja Tofu geräuchert 200 g / 200g. (ja)
Olivenöl 1/2 EL / 5g. (ja)
Essiggurke 1 EL / 10g. (ja)
Muskatnuss 1 Prise / 1g. (ja)
Salz 1 Prise / 1g. (wenig)
Sojapaste (Miso) 50 ml. / 50g. (ja)
Zitrone Schale 1 TL / 2g. (ja)
Senf Dijon 2 TL / 6g. (ja)
Pfeffer gemahlen 1 Prise / 0,5g. ()
Toastbrot (Vollkorn) 6 Scheiben / 30g. (ja)

Kochanleitung:
Frische oder getrocknete Pilze verwenden. Die getrockneten Steinpilze 1 Std. in 250 ml heißem Wasser einweichen, abgießen, abtropfen lassen und klein schneiden. Das Einweichwasser auffangen und durch ein feines Sieb gießen. Olivenöl in einer kleinen, beschichteten Pfanne leicht erhitzen, Steinpilze dazugeben, leicht salzen, mit Muskat würzen und unter Rühren kurz anbraten. 6 EL Einweichwasser untermischen und leicht köcheln lassen, bis die Flüssigkeit verdampft ist. Räuchertofu, die Pilze, kleingehackte Essiggurke, Sojacreme, abgeriebene Zitronenschale und Dijon-Senf mit dem Cutter oder dem Mixstab zu einem glatten Aufstrich verarbeiten und mit Salz und Pfeffer abschmecken. Auf den Toastbrotscheiben servieren.

3.70 Süßkartoffelpuffer mit Basilikum-Pesto

Stärkt das Immunsystem, baut Fett ab, verbessert die Verdauung, beruhigt Nerven und Magen, löst Steine, fördert Durchblutung, stärkt Muskeln, antioxidativ.

Anzahl Portionen: 3
Kalorien p. Portion 625
Gramm p. Portion   298,67
Kochdauer ca.   30 Min.
Allergene: ACH
(Kohlehydrat:58% / Eiweiß & Fett:42%)
100g.≈ Eiweiß 15,5g. Fett:32,67g.
µg. - Ph:14,41 Na:8,52 Ka:39,8 Mg:4,23 Ca:5,79 Fe:0,17 Zn:0,11 Col.:6,88 Hsr.:2,11

Zutaten:
Süßkartoffel 4 Stück / 500g. (ja)
Zwiebel rot 1/2 Stück / 30g. (ja)
Basilikum 1 EL / 10g. (ja)
Huhn Ei 2 Stück / 140g. (ja)
Dinkel Vollkornmehl 80 g. / 80g. (ja)
Salz 1 Prise / 0,5g. (wenig)
Olivenöl 60 ml. / 20g. (ja)
Salz 1 TL (grobes) / 3g. (wenig)
Basilikum 1 Handvoll / 15g. (ja)
Petersilie 1 Handvoll / 15g. (ja)
Knoblauch 2 Zehen / 3g. (ja)
Walnüsse 60 g. / 60g. (empfehlenswert)
Olivenöl 2 EL / 20g. (ja)

Kochanleitung:
Süßkartoffelpuffer: Die Süßkartoffel gründlich waschen und ungeschält in eine große Schüssel raspeln. Zwiebel, Basilikum, Ei und Mehl zugeben, alles gut miteinander vermengen und dann etwas Salz darüberstreuen. Die Mischung ist locker, lässt sich aber zu Puffern formen. Im vorgeheizten Ofen auf einem mit Öl bestrichenen Backblech von beiden Seiten jeweils 4 bis 5 Min. backen. Basilikum-Pesto: Salz, kleingehackten Basilikum und Petersilie sowie den zerdrückten Knoblauch in einer kleinen Schüssel mit einem Löffel verreiben (wenn vorhanden einen Mörser verwenden). Die geriebenen Walnüsse dazugeben. Unter ständigem Rühren so viel Olivenöl zumengen, bis die gewünschte Konsistenz erreicht wird.

3.71 Tomatensuppe

Fördert Verdauung, hilft Fett zu verdauen, senkt Blutdruck, löst Stagnation, antioxidativ, harntreibend.

Anzahl Portionen: 2
Kalorien p. Portion 100
Gramm p. Portion 290
Kochdauer ca. 10 min.
(Kohlehydrat:42% / Eiweiß & Fett:58%)
100g.≈ Eiweiß 1,78g. Fett:7,9g.
µg. - Ph:4,2 Na:1,2 Ka:31,36 Mg:1,99 Ca:3,85 Fe:0,07 Zn:0,04 Col.:0,01 Hsr.:1,47

Zutaten:

Olivenöl 1 EL / 15g. (ja)
Zwiebel weiss 1 Stück / 60g. (ja)
Basilikum (frisch) 1 TL / 2g. (ja)
Zimtpulver 1 Prise / 1g. (ja)
Pfeffer gemahlen 1 Prise / 0,5g. ()
Salz 1 Prise / 1g. (wenig)
Tomate 5 Stück / 250g. (empfehlenswert)
Paprika (Rosenpaprikapulver) 1 Prise / 1g. (ja)
Wasser 250 g. / 250g. (ja)

Kochanleitung:

Die kleingeschnittene Zwiebel im Olivenöl in einem Topf anrösten, Salz und Gewürze zufügen und kurz mitrösten. Gewaschene und geviertelte Tomaten zugeben und kurz anbraten. 250 ml Wasser heißes Wasser zufügen, 15 Min. kochen lassen und dann pürieren.

3.72 Vegetarischer Gemüse-Getreide-Kartoffelbrei

Verbessert Verdauung, regeneriert Haut, harntreibend, senkt Cholesterinspiegel, lindert Verstopfung, produziert Muttermilch.

Anzahl Portionen: 2
Kalorien p. Portion 91
Gramm p. Portion 109
Kochdauer ca. 25 Min.
Allergene: A
(Kohlehydrat:61% / Eiweiß & Fett:39%)
100g.≈ Eiweiß 1,89g. Fett:4,42g.
µg. - Ph:13,11 Na:2,56 Ka:62,42 Mg:5,72 Ca:8,05 Fe:0,26 Zn:0,13 Col.:0 Hsr.:5,15

Zutaten:

Karotte (Frühkarotte) 30 g. / 30g. (empfehlenswert)
Pastinake 30 g. / 30g. (ja)
Zucchini 30 g. / 30g. (empfehlenswert)
Fenchel 10 g. / 10g. (empfehlenswert)

Kartoffel 50 g. / 50g. (ja)
Wasser 20 g. / 20g. (ja)
Hafer Flocken (Vollkorn) 10 g. / 10g. (empfehlenswert)
Orangensaft 30 g. / 30g. (ja)
Rapsöl 8 g. / 8g. (empfehlenswert)

Kochanleitung:
Das Gemüse und die Kartoffeln waschen, würfeln und in wenig Wasser dünsten. Wasser und Haferflocken zugeben, alles pürieren und schließlich das Öl untermengen. Hinweis: Dieser Brei ersetzt den Gemüse-Kartoffel-Fleisch-Brei, wenn in der Ernährung des Säuglings auf Fleisch verzichtet werden soll. Da Fleisch die beste Nahrungsquelle für Eisen ist, muss
 bei vegetarischer Ernährung besonders auf eine ausreichende Eisenversorgung geachtet werden.

4   Wirkung der Lebensmittel

4.1   Zutaten verwenden: empfehlenswert

Apfel (sauer)
Apfel (süß)
Apfelmus
Birne
Blattsalate (bitter)
Blumenkohl (Karfiol)
Bohnen (grün, frisch)
Bohnenkraut
Borretsch
Brokkoli
Brombeere
Chicorée
Chinakohl
Erdbeere
Feldsalat
Fenchel
Fischstücke gemischt (Süßwasser)
Flaschenkürbis
Forelle
Gemüsesaft
Gurke
Gurke (bitter)
Gurke (Gewürzgurke)
Hafer Flocken (Vollkorn)
Hafer Schmelzlocken (Babynahrung)
Hagebutte

Hagebuttentee
Hering
Himbeere
Johannisbeere (rot)
Johannisbeere (schwarz)
Johannisbeere (weiß)
Kabeljau
Karotte (Frühkarotte)
Karotte (Mohrrübe, Möhre)
Karottensaft ohne Zucker
Kirsche
Kirsche (sauer)
Kohlrabi
Kohlrübe
Kopfsalat
Kräuterteemischung
Lachs
Leinöl
Linsen (Helmbohnen)
Maiskeimöl
Makrele
Maniokmehl
Mittelmeerfisch (Kabeljau, Scholle, Schellfisch, Seeaal, Makrele)
Müsli
Nudeln (Vollkorn) mit Ei

Paprika
Pfirsich
Pfirsich (Dose)
Pflaume
Preiselbeere
Preiselbeersaft
Pute Brustfleisch
Radicchio
Radieschen
Rapsöl
Reis Reisschleim
Reis Vollkorn
Reis Wilder (Naturreis)
Rettich (weiß, grün, lila-rot)
Rettich Meerrettich (Kren)
Rhabarber
Roggen Vollkornbrot
Rosenkohl
Rotbarsch
Rote Rübe
Rotkohl
Scholle
Sellerie Knolle
Sellerie Stangensellerie
Sesamöl

Soja Cuisine (Soja-Sahne)
Sojabohne
Spargel (grün oder weiß)
Speiserüben
Thunfisch
Tomate
Vogerlsalat (Pflücksalat)
Vollkornbrot
Vollkornbrot mit ganzen Körner
Vollkornmehl
Wacholderbeere
Wachskürbis
Walnüsse
Wassermelone
Weißkohl/Weißkraut
Weizen Mehl Vollkorn
Weizen/Roggen Grau- Schwarzbrot mit Hefe
Weizenkeimöl
Weizenkleie
Wildkräuter
Wirsing/Grünkohl
Zucchini
Zwetschken

4.2   Zutaten verwenden: ja

Aal
Aal geräuchert
Acerola Fruchtnektar oder Pulver
Adzukibohnen
Agar-Agar, Agartang
Agavendicksaft
Ahornsirup
Aloesaft
Amaranth
Amaranth POPS
Ananas
Ananas (aus der Dose)
Ananassaft ungezuckert
Andornkraut
Angelikawurzel
Anis (gemeiner Fenchel)
Apfelsaft (Naturtrüb)
Aprikose
Aprikose getrocknet
Aprikosen Marmelade
Aprikosennektar
Artischocke
Aubergine
Austern
Austernpilze
Austernschalenpulver

Avocado
Backpulver
Baldrian
Bambussprossen
Banane
Banane Kochbanane
Banchatee
Bärentraubenblätter
Bärlauch (Knoblauchspinat)
Barsch
Basilikum
Basilikum (frisch)
Bataviasalat
Beeren der Saison
Beerensaft
Benediktinerdistel
Berberitzenrindetee
Birnensaft
Bitter Lemon
Bitterklee
Bitterorangenschale
Blätterteig
Blütenpollen
Bocksdornfrüchte (Fructus Lycii) getrocknet
Bockshornklee

Bohnenöl
Borretschöl
Boxhornkleesamen
Bratöl
Brennnessel
Brombeerblätter
Brombeere getrocknet (unreife)
Brombeermarmelade
Brösel (Weizenbrot, Semmel)
Brot mit Johannisbrotkernmehl
Buchweizen
Buchweizen (geröstet) Kasha
Buchweizen Vollkorn
Bulgur (Getreide)
Buschbohnen
Butterbohnen weiße
Calamari
Cashewnüsse
Champignon
Channa-Dal
Chenpi (chinesische
Mandarinenschale)
Chili (Schote oder gemahlen)
Chlorella (Süßwasser)
Chrysanthemenblütentee
Clementinen
Colagetränk (kalorienarm)
Couscous
Cranberries
Cumin (Kreuzkümmel)
Curry
Currypaste rot
Dashi
Datteln getrocknet
Datteln rot
Dill
Dinkel
Dinkel Brot
Dinkel Flocken
Dinkel Gries
Dinkel Vollkornmehl
Distelöl
Dornhai (Seeaal, Schillerlocken)
Dorsch
Dulse (Lappentang)
Eibennuss
Eibisch (Hibiscus)
Eisbergsalat
Endiviensalat
Ente (Frühmastente, schlachtfrisch)
Ente (Herz)
Entenei
Enzianwurzel
Erbse, grün

Erbsen
Erdbeermarmelade
Erdbeersaftgetränk
Erdnussbutter
Erdnüsse
Erdnussöl
Essig (Apfelessig)
Essig (Rotweinessig)
Essig Aceto Balsamico
Essig Aceto Balsamico weiss
Essiggurke
Estragon
Färberdiestel (Hong Hua)
Färberginsterkraut
Fasan
Feige
Feige getrocknet
Fenchelsamen gemahlen
Fencheltee
Fischsouce
Flohsamen
Flunder
Forelle (geräuchert)
Frischkäse aus Soja
Früchtetee
Fruchtzucker (Fruktose,
Traubenzucker)
Gagelpflaume
Galgant
Gans
Gans (Gänseklein)
Gans (Gänseschmalz)
Gänseblümchen
Gänseblut
Gänseei
Garam Masala Pulver
Garnele
Gelatine weiss
Gelee Royal
Gerste
Gerste (Nacktgerste)
Gerste (Perlgerste)
Gerstengras Pulver
Gerstengraupen
Gerstengrütze
Gerstenmalz
Gerstenmehl
Getreidekaffee
Gewürznelke
Ginkgofrucht
Ginsengwurzel
Glühweingewürzmischung
Granatapfel
Grapefruit getrocknete Schale

Grapefruit/Pampelmuse/Pomelo
Grapefruitsaft
Graskarpfen
Grundrezept für eine Entenbrühe
Grundrezept für eine Fischbrühe
Grundrezept für eine Gemüsebrühe nahrhaft
Grundrezept für eine Hühnerbrühe wärmend
Grundrezept für eine Reissuppe (Congee)
Grundrezept für eine Rinderbrühe
Grundrezept für eine Rinderbrühe wärmend
Grüner Tee
Grünkern
Guave
Hafer
Hafer Flocken geröstet
Hafer Mehl
Hafer Milch
Hafer Schrot
Haifisch
Hammel
Hase
Hase, wild
Haselnüsse
Hefe
Heidelbeere
Heidelbeere getrocknet
Heidelbeermarmelade
Heidelbeersaft
Heilbutt
Hibiskustee
Hijiki
Himbeerblättertee
Himbeere getrocknet (unreife)
Himbeermarmelade
Hiobsträne (Samen) YiYi Ren
Hirsch Fleisch
Hirsch Knochen
Hirsch Nieren
Hirse
Hirseflocken
Hokkaidokürbis
Holunderbeeren
Holunderblütentee
Honig
Honigmelone
Hopfen
Huhn Blut
Huhn Ei
Huhn Eiweiß
Huhn Fleisch

Huhn Herz
Huhn Magen
Hummer
Ingwer frisch
Ingwer Pulver
Ingweröl
Jakobstränen
Jasminblütentee
Johannisbeermarmelade (rot)
Johannisbeermarmelade (schwarz)
Johannisbeernektar (schwarz)
Johannisbrotkernmehl
Kaffee
Kaffeeweißer
Kakao
Kaki-Pflaume
Kaktusfeige
Kalmus
Kamille
Kaninchen Fleisch
Kaninchen Leber
Kapern (eingelegt)
Kapuzinerkresse
Karambole/Sternfrucht
Karausche
Kardamom
Karpfen
Kartoffel
Kartoffel (mehlige)
Kartoffelmehl
Käsepappeltee
Kastanien (Maronen)
Kaviar
Kerbel
Kerbel getrocknet
Kichererbsen
Kirschenkompott
Kirschsaft
Kiwi
Klementine
Klettenwurzeltee
Knäckebrot
Knoblauch
Kokosflocken
Kokosmilch
Kokosnussfleisch
Kokosraspeln
Kombualge
Kompott (Früchte der Saison)
Koriander
Koriandergrün
Korinthen (rot)
Korinthen (schwarz)
Krabbe

Krake
Kräuter bittere
Kräuter der Provence
Kräuter verschiedene
Kräuter Wildkräuter
Kresse
Kukichatee
Kümmel
Kümmel gemahlen
Kumquat
Kürbis
Kürbiskerne
Kürbiskernöl
Kurkuma (Gelbwurz)
Kuzu
Lamm Fleisch
Lamm Knochen
Lamm Schulter
Languste
Lauch (Porree)
Lauchzwiebel Schnittlauch
Laugengebäck
Lavendelblüten
Leberglättertee
Leinsamen
Leinsamen (geschrotet)
Liebstöckel
Liebstöckelsamen
Limabohnen
Lindenblütentee
Linsen gelb
Linsen rot
Linsen schwarz
Löffelbiskuit
Longane
Loquate/Japanische Mispel
Lorbeerblatt
Lotossamen
Lotoswurzeln
Löwenzahn (junger)
Löwenzahnsaft
Löwenzahnwurzeltee
Luohan-Frucht
Lychee
Lychee (Konserve)
Mais
Mais (geröstet)
Mais (Schnellpolenta)
Mais Gries (Polenta)
Mais Mehl (Maizena)
Maishaartee
Maisstärke
Majoran
Makannastern Samen

Malventee
Malz
Mandarine
Mandelmilch
Mandelmus
Mandeln
Mandeln Marzipan
Mango
Mangold
Mangopulver
Mangosaft
Margarine
Margarine (Diät)
Marillen
Marillensaft
Maulbeerfrucht
Meeräsche
Meereskrebs
Mehrkornbrot (Graubrot)
Melisse
Miesmuscheln
Mineralwasser
Mirabelle
Miso
Miso schwarz (fermentiert)
Mispel
Mixed Pickels
Mohn
Moosbeere
Morchel (schwarz, getrocknet)
Mu-Erh-Pilz
Mungbohne
Mungbohnensprossen
Muskatnuss
Nachtkerzenöl
Nektarine
Nelke
Nierenbohnen (rote)
Nori, Purpurtang, Rotalge
Nudeln (Weizen) mit Ei
Nudeln (Weizen, Bandnudeln) mit Ei
Nudeln (Weizen, Lasagneblätter) mit Ei
Nudeln (Weizen, Spagetti) mit Ei
Obstmischung Fruchtsaft
Odermennig
Okra
Oliven
Oliven grün
Olivenöl
Orange
Orange abgeriebene Schale
Orange getrocknete Schale
Orange Schale
Orangenblüten

Orangenmarmelade
Orangensaft
Oregano frisch
Oregano getrocknet
Palmöl
Papaya
Paprika (Rosenpaprikapulver)
Paprika (süß)
Paranuss
Parmesan
Passionsblumenblütentee
Passionsfrucht (Maracuja)
Pastinake
Peperoni
Peperoni, gelb, entkernt, halbiert
Peperoni, rot, entkernt, halbiert
Petersilie
Petersilienwurzel
Pfeffer Cayenne
Pfeffer Körner
Pfeffer weiss (gemahlen)
Pfefferminze
Pfefferminztee
Pfeilwurzelmehl
Pferd Fleisch
Pfifferlinge/Eierschwammerl
Pflaume getrocknet
Piment
Pinienkerne
Pintobohnen gesprenkelt
Pistazien
Preiselbeermarmelade
Puddingpulver Vanille
Pumpernickel
Pute Schinken
Qualle
Quinoa
Quitte
Reh Fleisch
Reineclaude
Reis Basmatireis
Reis Duftreis
Reis Gaoliangreis (Sorghum)
Reis Klebreis
Reis Langkornreis
Reis Roter
Reis Rundkornreis
Reis Schwarzer
Reis Sorte beliebig
Reis Süßer
Reishi
Reismalz
Reismehl
Reisnudeln

Reisstärke
Rettich schwarz
Rettichblätter (vom Wochenmarkt)
Rind (Kalb)
Rind Filet
Rind Fleisch
Rind Fleischknochen
Rind Herz
Rind Herz (Kalb)
Rind Knochenmark
Rind Lunge (Kalb)
Rind Magen
Rind Ochsenschwanzstücke
Rind Suppenfleisch
Roggen
Roggenmehl
Römersalat/Lattich-Salat
Rosenblättertee
Rosenblütentee
Rosinen
Rosmarin
Rote Grütze (ohne Zucker)
Safran
Sago (Getreide)
Sake
Salbei
Salz Kräutersalz
Sanddorn
Sardellen/Sardine
Saubohnen (Dicke Bohnen)
Sauerampfer
Sauerkirsche
Sauerkraut
Sauerteig
Schaffleisch
Schafgarbe
Schafgarbentee
Schlehdorn
Schnecke
Schwarzaugenbohnen
Schwarze Bohnen
Schwarzer Fungu Pilz
Schwarzkümmel
Schwarztee
Schwarzwurzel
Schwedenkraut (Schwedenbitter)
Schwein Blut
Schwein Bratwurst
Schwein Darm
Schwein Fett
Schwein Fleisch
Schwein Haut
Schwein Haxe (Eisbein)
Schwein Hirn

Schwein Lunge
Schwein Magen
Schwein Markknochen
(Röhrenknochen)
Schwein Mettwurst
Schwein Schinken
Schwein Schinken gekocht
Schwein Schinken geselcht
Schwein Schinkenspeck
Seegurke
Senf
Senf Dijon
Senf mittelscharf
Senf süß
Senfsamen
Sesam Paste (Tahini)
Sesam, Schwarzer
Sesam, Weißer
Sesamöl geröstet
Shiitake, getrocknet
Shrimps
Silbermorchel, getrocknet
Soja Tofu
Soja Tofu geräuchert
Sojabohnen, Gelbe
Sojabohnen, Schwarze
Sojabohnen, Schwarze, fermentiert
Sojabohnenmilch
Sojacreme
Sojamehl
Soja-Nudeln
Sojaöl
Sojapaste (Miso)
Sojasauce
Sonnenblumenkerne
Sonnenblumenöl
Spinat
Spitzwegerichtee
Stachelbeere
Stangenbohnen (Fisolen)
Steinpilz/Herrenpilz
Sternanis
Stevia (Süßkraut)
Süßholzwurzeltee
Süßkartoffel
Süßwasserfisch
Süßwasserkrebs
Tabasco
Taube
Taube Ei
Teemischung Harnsäuresenkend
Thymian
Thymian getrocknet
Tintenfisch

Toastbrot (Vollkorn)
Tomate getrocknet
Tomatenmark
Tomatenpüre
Tomatensaft
Tonicwasser
Trauben rot
Trauben weiß
Traubenkernöl
Traubensaft rot
Traubensaft weiß
Trüffel
Tsampa (geröstetes Gerstenmehl)
Umeboshipaste
Umeboshipflaumen (Japanaprikosen)
Vanille
Vanillepulver
Vanilleschote
Vanillezucker natur
Vogelmiere
Wachtel
Wachtel Ei
Wakame
Walderdbeeren
Walnüsse geröstet
Walnussöl
Wasser
Wasser heiss
Weißdorn
Weiße Bohnen
Weißfischchen
Weißwurz
Weizen
Weizen Bulgurweizen
Weizen Fladenbrot
Weizen Flocken
Weizen Gras Pulver
Weizen Gries
Weizen Gries - Kindergries
Weizen Mehl
Weizengrassaft
Wermutkraut
Wildschwein Fleisch
Yamswurzel, Yamswurzelknolle
Yogitee
Ysop
Ziege
Ziegen- und Schafsblut
Ziegen- und Schafshirn
Ziegen- und Schafsmagen
Zimtpulver
Zimtstange
Zitrone
Zitrone Saft

Zitrone Schale
Zitrone, Limette
Zitronengras
Zitronenmelisse (frisch)
Zitronenmelisse (getrocknet)
Zucker Fructose Fruchtzucker
Zucker Glukose Traubenzucker

Zucker Milchzucker
Zuckerersatz (Süßstoff)
Zwieback
Zwiebel Frühlingszwiebel
Zwiebel rot
Zwiebel Schalotte
Zwiebel weiss

4.3 Zutaten verwenden: wenig

Bier (alkoholarm)
Bier (alkoholfrei)
Bier (Altbier)
Bier (Pils)
Bitterlikör
Brötchen (Semmel)
Butterschmalz
Campari
Colagetränk
Edamer
Emmentaler
Erdnuss (geröstet)
Fernet Branca (Kräuterbitterlikör)
Fisch Innereien
Fischreste
Ginsenglikör
Gouda
Honigwein (Met)
Huhn Eigelb
Huhn Leber
Kokosfett
Lamm Leber
Lamm Nieren
Lycheelikör
Malzbier
Martini
Mayonnaise 50%
Mayonnaise 80%
Prosecco
Rind Leber

Rind Niere
Rotwein
Rum
Salz
Schnaps
Schokolade
Schokolade (Diabetiker)
Schwein Herz
Schwein Leber
Schwein Nieren
Schwein Schmalz
Sherry
Weißbrot (Weizenbrot)
Weißbrot Baguette
Weißbrot Brösel (Weizenbrot)
Weißbrot Knödelbrot (Weizenbrot)
Weißbrot Salzstangerl
Weißbrot Semmel
Weißwein
Weizen Bier
Wermut
Ziegen- und Schafsleber
Zucker (Staubzucker)
Zucker (weiß, aus Rüben)
Zucker braun
Zucker Kandis weiß
Zucker Melasse
Zucker Palmzucker
Zucker Ursüße (Zuckerrohr) süß

4.4 Kontraindikativ wirkende Lebensmittel nicht verwenden

Astronautenkost
Brie
Butter (halbfett)
Butter Bio
Buttermilch
Camembert
Creme fraiche
Feta
Frischkäse
Frischkäse mit Kräuter

Gorgonzola
Hüttenkäse
Joghurt (natur, 1,5 % Fett)
Joghurt (natur, 3,5 % Fett)
Kefir
Kuhmilch (1,5 % Fett)
Kuhmilch (Vollmilch 3,5 % Fett)
Magermilchpulver
Molke
Mozzarella

Quargel 20%
Sahne 10% Kaffeesahne
Sahne sauer 10%
Sahne sauer 20%
Sahne sauer 30%
Sahne, süß 30%
Sauermilch
Sauerrahm 15% Fett
Schafmilch Joghurt
Schafskäse

Schafsmilch
Schimmelkäse
Schmelzkäse 12%
Schmelzkäse 30%
Stutenmilch
Topfen (Quark) 20%
Topfen (Quark) 40%
Ziegen- und Schafsmilch
Ziegenkäse

5 Komplementär

5.1 Fertiggetränk

5.1.1 Milch Ersatz bei Laktoseintoleranz

Lactosefreie Milch hat ähnliche Kocheigenschaften und Geschmack wie andere Milcharten aber teilweise andere Inhaltsstoffe und Spurenelemente, welche bei ausgewogener Ernährung auch durch andere Lebensmittel ergänzt werden.

Es gibt industriell hergestellt Ersatzmilch aus möglichst natürlich angebauten Pflanzen wie Soja, Weizen, Reis, Lupinen,… Diese werden als Pulver und flüssig abgepackt angeboten. Auf Sterilität ist besonders zu achten, richtiges Kochen des Wassers und saubere Utensilien sind Voraussetzung. Bei Naturprodukten ist es gut, die Betriebe persönlich zu kennen oder zertifizierte Hersteller auszuwählen.

Ziegen-, Esel- oder Kamelmilch enthalten auch Lactose, aber in einer leichter verdaulichen Form und werden weltweit verwendet. Probieren Sie es aus.

5.1.2 Muttermilch Ersatz

Einfacher zu verdauen.

Ziegen- Kamel- Eselmilch: Nicht vollständig laktosefrei. Hoher Kalziumgehalt.

Sojamilch: Mögliche hormonelle Wirkung.

Bei angeborenen Laktasemangel.

Reis- Hafer- Mandelmilch: enthalten weniger Vitamine, Calcium und Eisen.

Nach Rücksprache mit Ihrem Ernährungsberater können Milchersatz mit Kuhmilch gemischt werden, um ausgewogene Versorgung mit Vitaminen und Spurenelementen zu gewährleisten. Auch eine langsame Gewöhnung an die Lactose kann erfolgreich sein.

5.2 Heil-Tee (Aufguss)

5.2.1 Schiefer Schillerporling, Chaga oder Tschaga

Der Extrakte aus den Knollen stimuliert das Immunsystem, wirkt entzündungshemmend und schützen die Leber und die Bauchspeicheldrüse.

Der Chaga zählt, durch seinen hohen Gehalt an Glucanen zu den

Substanzen, die in der Lage sind, regulierenden und regenerativen Einfluss auf biochemische Abläufe im Organismus zu nehmen. Dies bedeutet unter anderem, Überfunktionen wie bei einer Allergie oder Psoriasis nach unten und Unterfunktionen, z.B. im Alter, nach oben zu regulieren.

5.3 Komplementäre Anwendung

5.3.1 Ayur Veda

Ayurveda ist eine Kombination aus empirischer Naturlehre und Philosophie, welche die Ausgewogenheit des Körpers anstrebt. Ayurveda hat einen ganzheitlichen Anspruch, da der ganze Mensch mit einbezogen wird. Es werden pflanzliche Heilmittel verabreicht, welche eingenommen oder aufgetragen werden. Dadurch werden Organe gestärkt oder eine Entgiftung/Entschlackung angeregt. Speziell bei Krebs wird das Ungleichgewicht verschiedener Elemente beschrieben und behandelt. Die Methoden der Schulmedizin mit Chirurgie, Strahlentherapien und andere Behandlungsmethoden ähneln denen der Ayurveda in vielen Punkten.

5.3.2 Selbsthilfegruppen

Die meisten Mitglieder von Selbsthilfegruppen haben die Erfahrung gemacht, die Belastungen der Erkrankung besser zu bewältigen. Die meisten Mitglieder von Selbsthilfegruppen haben die Erfahrung gemacht, die Belastungen der Erkrankung besser zu bewältigen. Durch den Erfahrungsaustausch werden die für den jeweiligen Krankheitsverlauf besten Möglichkeiten der Mithilfe bei der Therapie erkannt. Durch die Eingliederung in eine Gemeinschaft wird auch der Zustand der Einsamkeit in seiner Situation bewältigt. Speziell bei der Lösungsfindung zu einzelnen Situationen können selbst Betroffene viel glaubwürdiger ihr Fachwissen vermitteln als Personen, welche die Methoden lediglich theoretisch gelernt haben. Die Mitglieder können außerdem meistens besser mit Ärzten und Therapeuten sprechen, weil die Themen bereits in den Gruppen besprochen wurden. Außerdem gelingt den Selbsthilfegruppen oft kritische und innovative Impulse auszudrücken, welche zur Veränderung und zum Umdenken im professionellen Bereich beitragen. In Selbsthilfegruppen wird Fachwissen zusammengetragen und durch Erfahrungen der einzelne Betroffenen ergänzt. So entsteht ein ganzheitliches Wissen, das die Mitglieder befähigt, Entscheidungen fundiert zu treffen und in unüberschaubaren System der Therapieangebote professionelle Dienste sinnvoll zu nutzen. Patienten, die in der Selbsthilfe engagiert sind, haben oft kürzere

Klinikaufenthalte, weniger Therapiestunden und einen geringeren Medikamentenverbrauch.

5.4 Verschiedene Möglichkeiten

5.4.1 Kalmuswurzel

Regt Appetit und Verdauung an, lindert Verstopfung, Anämie, Verdauungsschwäche bei Milch und Käse, allgemeine chronische Schwäche.
Mittlere Tagesdosis: 1–5g Infus, Dekokt Droge oder 1–8ml Tinktur.

6 Grundlagen der Ernährung

Die hier beschriebenen Grundlagen der Ernährung zeigen allgemeine Empfehlungen und beziehen sich nicht auf eine spezielle Therapieform. Die Empfehlungen der Therapie haben Vorrang.

6.1 Ernährung

Die regelmäßige Einnahme von Mahlzeiten in entspannter Atmosphäre. Ein wärmendes Frühstück gilt als guter Start in den Tag. Mittags sollte die Hauptmahlzeit stattfinden - das Abendessen am frühen Abend.

Die Beachtung von Hunger- und Sättigungsgefühlen: Nicht überessen und nicht hungern, so lautet die Regel.

Die frische Zubereitung der Speisen aus naturbelassenen, regionalen Produkten. Tiefgekühlte, hitzekonservierte, industriell vorgefertigte oder mikrowellengegarte Lebensmittel werden gemieden.

Die Auswahl von Lebensmittel nach der Jahreszeit: Im Sommer mehr kühlende Nahrung, im Winter mehr wärmende Nahrung.

Mindestens zweimal am Tag Gekochtes essen. Speisen und Getränke sollen möglichst handwarm, niemals eiskalt oder heiß sein.

Rohkost, kurz gegartes Gemüse, frisch gepresste Säfte und Mineralwasser werden üblicherweise nicht empfohlen. Milch und Milchprodukte stehen nur dann auf dem Speiseplan, wenn sie problemlos vertragen werden.

Therapeutische Rezepte nicht über einen längeren Zeitraum ohne Rücksprache mit dem Arzt oder Therapeuten einnehmen.

1. Vielseitig essen
Lebensmittelvielfalt genießen. Merkmale einer ausgewogenen Ernährung sind abwechslungsreiche Auswahl, geeignete Kombination und angemessene Menge nährstoffreicher und energiearmer Lebensmittel. (Einerseits Schutz vor Unterversorgung mit essentiellen Nährstoffen und andererseits Schutz vor einer überhöhten Zufuhr unerwünschter Inhaltsstoffe.)

2. Reichlich Getreideprodukte - und Kartoffeln
Brot, Nudeln, Reis, Getreideflocken (am besten aus Vollkorn), sowie

Kartoffeln enthalten kaum Fett, aber reichlich Vitamine, Mineralstoffe, Spurenelemente sowie Ballaststoffe und sekundäre Pflanzenstoffe. Diese Lebensmittel sollten mit möglichst fettarmen Zutaten verzehrt werden.

3. Gemüse und Obst - Nimm "5" am Tag ...
5 Portionen Gemüse und Obst am Tag, möglichst frisch, nur kurz gegart, oder auch eine Portion als Saft – idealerweise zu jeder Hauptmahlzeit und auch als Zwischenmahlzeit: Damit werden reichlich Vitamine, Mineralstoffe sowie Ballaststoffe und sekundären Pflanzenstoffe (z.B. Carotinoiden, Flavonoiden) zugeführt. Das Beste, was man für die eigene Gesundheit tun kann.

4. Täglich Milch und Milchprodukte, ein- bis zweimal in der Woche
Fisch; Fleisch, Wurstwaren sowie Eier in Maßen. Diese Lebensmittel enthalten wertvolle Nährstoffe, wie z.B. Calcium in Milch, Jod, Selen und Omega-3-Fettsäuren in Seefisch. Fleisch ist wegen des hohen Beitrags an verfügbarem Eisen und an den Vitaminen B1, B6 und B12 vorteilhaft. Mengen von 300 - 600 g Fleisch und Wurst pro Woche reichen hierfür aus. Fettarme Produkte bevorzugen, vor allem bei Fleischerzeugnissen und Milchprodukten.

5. Wenig Fett und fettreiche Lebensmittel
Fett liefert lebensnotwendige (essenzielle) Fettsäuren und fetthaltige Lebensmittel enthalten auch fettlösliche Vitamine. Fett ist besonders energiereich, daher kann zu viel Nahrungsfett Übergewicht fördern, möglicherweise auch Krebs. Zu viele gesättigte Fettsäuren fördern langfristig die Entstehung von Herz-Kreislauf-Krankheiten. Pflanzliche Öle und Fette bevorzugen (z.B. Raps-, Oliven- und Sojaöl und daraus hergestellte Streichfette). Auf unsichtbares Fett achten, das in Fleischerzeugnissen, Milchprodukten, Gebäck und Süßwaren sowie in Fast-Food- und Fertigprodukten meist enthalten ist. Insgesamt 70 - 90 Gramm Fett pro Tag reichen aus.

6. Zucker und Salz in Maßen
Nur gelegentlich Zucker und Lebensmittel, bzw. Getränke verzehren, die mit verschiedenen Zuckerarten (z.B. Glucose Sirup) hergestellt wurden. Kreativ mit Kräutern und Gewürzen und wenig Salz würzen. Jodiertes Speisesalz bevorzugen.

7. Reichlich Flüssigkeit
Wasser ist absolut lebensnotwendig. Jeden Tag rund 1-2 Liter Flüssigkeit trinken. Wasser (ohne oder mit Kohlensäure) und andere kalorienarme Getränke bevorzugen. Alkoholische Getränke sollten nicht konsumiert

werden.

8. Schmackhaft und schonend zubereiten

Die jeweiligen Speisen bei möglichst niedrigen Temperaturen garen, soweit es geht kurz, mit wenig Wasser und wenig Fett - das erhält den natürlichen Geschmack, schont die Nährstoffe und verhindert die Bildung schädlicher Verbindungen.

9. Sich Zeit nehmen und das Essen genießen

Bewusstes Essen hilft, richtig zu essen. Auch das Auge isst mit. Sich beim Essen Zeit lassen. Das macht Spaß, regt an, vielseitig zuzugreifen und fördert das Sättigungsempfinden.

10. Auf das Gewicht achten und in Bewegung

Ausgewogene Ernährung, viel körperliche Bewegung und Sport (30 bis 60 Minuten pro Tag) gehören zusammen. Mit dem richtigen Körpergewicht fühlt man sich wohl und fördert die Gesundheit.
Thermik, Wirkrichtung, Verdauungskraft
Es gibt unterschiedliche Kriterien, die Wirksamkeit von Kräutern und Lebensmittel zu beurteilen. Der Einsatz der Kräuter und Zutaten basiert auf Beobachtung, was die Lebensmittel, Kräuter und Gewürze nach ihrem Verzehr im Körper bewirken. In der Medizin hat sich daraus folgendes System entwickelt: Jede Zutat oder Kraut hat eine Wirkrichtung. Außerdem gibt es noch Kräuter, die eine besondere Wirkung auf bestimmte Organe haben.

Voraussetzung für einen gesunden Stoffwechsel ist es, darauf zu achten, dass wir ausreichend Energie aus der Nahrung gewinnen und der Verdauungsprozess so wenig Energie wie möglich verbraucht. Eine bekömmliche Mahlzeit macht zufrieden und satt, verursacht keine Blähungen und keine Müdigkeit nach dem Essen. Richtiges Würzen erhöht die Bekömmlichkeit unserer Speisen. Es genügen oft schon geringe Mengen an Kräutern und Gewürzen. Sie dienen nicht dazu, uns satt zu machen, sondern helfen unseren Verdauungsorganen, die Nahrung zu verdauen.

6.2   Rezepte

Die Rezepte zeigen Ihnen welche Zutaten verwendet werden sowie mit der Kochanleitung wie diese zubereitet werden. Bei den Zutaten wird neben den Mengenangaben auch die Wichtigkeit für die Therapie angezeigt. Wenn dabei angezeigt wird "weniger als angegeben" versuchen Sie diese Empfehlung einzuhalten oder eine Alternative aus der Liste der "Empfohlenen Lebensmittel" zu finden. Meistens ist es nur eine leichte geschmackliche Änderung wenn Sie diese Zutat gänzlich weglassen.

Schonende Kochmethoden: Kochen, dämpfen, pochieren, dünsten
Scharfe Kochmethoden: Grillen, rösten, anbraten, räuchern
Ausgeglichene Kochmethoden: Frittieren, Römertopf

Auf das Einfrieren und erwärmen in der Mikrowelle sollte verzichtet werden (Denaturierung).

6.3 Lebensmittel

Lebensmittel wirken wie Heilkräuter auf Körper und Geist, nur wesentlich sanfter. Die Ernährungsberatung stützt sich hauptsächlich auf heimische Lebensmittel. Das Wissen über die Wirkungsweisen jedes einzelnen Lebensmittels und das Wissen wann welche Lebensmittel zur Anwendung kommen, entstammt der Schulmedizin. Verwende Sie möglichst Erzeugnisse aus ökologischen-biologischem Landbau.

Da wegen der besseren Verdaulichkeit grundsätzlich alles lange gekocht und kaum roh gegessen wird, ist die Verträglichkeit hervorragend.

Die Einteilung der Lebensmittel entsprechend ihrer Wirkung auf den Körper und bildet die Basis, um einen ausgewogenen und harmonischen Gesundheitszustand im Körper zu erreichen.

Grundsätzlich empfiehlt die Ernährungsberatung keine bestimmten Lebensmittel für Jedermann. Ausschlaggebend für den individuellen Speiseplan ist vor allem die persönliche Konstitution.

Kaufen Sie nur frisches und reifes Obst und Gemüse ein. Braune Stellen, welke Blätter aber auch unreifes Obst und Gemüse sollten Sie im Supermarkt zurücklassen. Greifen Sie dann zu Tiefkühlware (keine Fertiggerichte!). Tiefkühlobst und -gemüse werden kurz nach dem Ernten schockgefroren und enthalten deshalb oftmals mehr Vitamine und Mineralstoffe, als die Ware aus der Obst- und Gemüsetheke! Konserven- und Dosenware dagegen enthält wesentlich weniger Biostoffe. Zudem werden Letztere meist mit Salz, Zucker usw. angereichert. Lassen Sie die Zutaten nach dem Waschen nie im Wasser liegen, denn so gehen viele Vitalstoffe ins Wasser über! Putzen Sie Salate, Früchte und Gemüse erst unmittelbar vor Verzehr.

Beachten Sie bitte die hygienische Verarbeitung der Lebensmittel. Waschen Sie Ihre Salate, Früchte und Gemüse gründlich. Bei Gerichten mit Fleisch bereiten Sie zuerst die Zutaten vor und verarbeiten dann die Fleischprodukte. Reinigen Sie danach die Arbeitsflächen und Werkzeuge besonders gründlich. Holzunterlagen sollten regelmäßig mit leichtem Desinfektionsmittel behandelt werden um die Keimbildung einzuschränken.

Bewahren Sie Obst und Gemüse möglichst getrennt voneinander auf. Auch geerntete Früchte und Gemüse leben und strömen z.B. Ethylengas aus, das andere Sorten schneller reifen und altern lässt. Fleisch und Fisch in der verschlossenen Verpackung lassen oder in luftdichten Boxen im Kühlschrank aufbewahren.

6.4 Kräuter

Bei der Aufbewahrung und Lagerung von Heilkräutern, müssen gewisse Grundregeln beachtet werden. Grundsätzlich müssen Heilkräuter geschützt vor direkter Sonneneinstrahlung, vor Feuchtigkeit und vor heißen Temperaturen gelagert werden.

Als Gefäße für die Lagerung von Heilkräutern können Gläser, Keramik-Behälter und zur Not auch Plastik-Dosen eingesetzt werden. Plastik ist aber ein sehr unreines Material und sollte daher wirklich nur eine kurzfristige Notlösung sein. Bei Glasbehältern ist darauf zu achten, dass dunkles Glas verwendet wird.

Heilkräuter können nicht beliebig lange aufbewahrt werden. Die Haltbarkeit von Heilkräutern ist auf jeden Fall begrenzt. Durch die Haltbarkeitsdauer kann durch sachgerechte Lagerung wesentlich erhöht werden. So soll der Lagerplatz dunkel, eher kühl und absolut trocken sein. Ein Medizinschrank aus Holz, der nicht direkt bei einer Wärmequelle platziert ist wäre ideal. Um Ihre Heilkräuter nicht wegwerfen zu müssen, kaufen Sie nicht zu große Mengen an Heilpflanzen. Beschriften Sie die Behälter mit dem Namen des Heilkrauts und dem Datum der Ernte bzw. der Verarbeitung.

7 Weitere Ernährungsvorschläge

Folgende Syndrome der Diätetik, der TCM oder als Therapieergänzung bei Krebs sind verfügbar.

DIÄTETIK

1. Ernährung des Säuglings - Beikost
2. Ernährung in der Stillzeit
3. Ernährung im Alter
4. Ernährung von Kindern und Jugendlichen
5. Ernährung von Sportlern
6. Leichte Vollkost
7. Schwangerschaft
8. Vollkost

Eiweiß und Elektrolyt – Nieren
9. (Hämo-)Dialysebehandlung
10. Akutes Nierenversagen
11. Chronische Niereninsuffizienz
12. Nephrotisches Syndrom
13. Nierensteine (Nephrolithiasis)

Gastrointestinaltrakt - Bauchspeicheldrüse
14. Akute Pankreatitis (Entzündung der Bauchspeicheldrüse)
15. Chronische Pankreatitis (Entzündung der Bauchspeicheldrüse)

Gastrointestinaltrakt - Dünndarm und Dickdarm
16. Akute Obstipation (Verstopfung)
17. Chronische Obstipation (Verstopfung)
18. Colon irritabile
19. Divertikulitis
20. Erworbene Laktoseintoleranz (Laktosemalabsorption)
21. Fruktosemalabsorption
22. Glutensensitive Enteropathie (Zöliakie)
23. Kolektomie
24. Kurzdarmsyndrom

Gastrointestinaltrakt - Leber, Gallenblase, Gallenwege
25. Akute und chronische Hepatitis (Entzündung der Leber)
26. Cholelithiasis (Gallensteine)
27. Fettleber
28. Leberzirrhose

Gastrointestinaltrakt - Magen und Zwölffingerdarm
29. Akute Gastritis
30. Chronische Gastritis
31. Magenblutung
32. Ulcus ventriculi und Ulcus duodeni
33. Zustand nach Magenoperation

Gastrointestinaltrakt - Mundhöhle und Speiseröhre
34. Mundschleimhautentzündung
35. Ösophaguskarzinom (Speiseröhrenkrebs)
36. Reflüxösophagitis (Sodbrennen)

spezielle Krankheiten
37. Phenylketonurie (PKU)
38. Rheumatische Gelenkserkrankungen

Stoffwechsel
39. Adipositas (Übergewicht)
40. Diabetes mellitus
41. Essstörungen (Untergewicht)
Fettstoffwechsel
42. Hypercholesterinämie (erhöhter Cholesterinspiegel)
43. Hepatische Enzephalopathie
Herz- und Kreislauf
44. Arteriosklerose (Arterienverkalkung)
45. Herzinsuffizienz
46. Hypertonie (Bluthochdruck)
47. Hyperurikämie und Gicht
veränderter Nährstoffbedarf
48. bei Fieber
49. bei malignen Erkrankungen
50. nach Verbrennungen
51. Strahlen- und Chemotherapie

KREBS
100. Bauchspeicheldrüse
101. Blasenkrebs
102. Blutkrebs (Leukämie)
103. Brustkrebs
104. Darmkrebs
105. Magenkrebs
106. Nierenkrebs
107. Speiseröhrenkrebs

TCM
200. Blase - Feuchte Hitze in der Blase
201. Blase - Feuchtigkeit und Kälte in der Blase
202. Blase - Leere und Kälte in der Blase
203. Dickdarm - äussere Kälte befällt den Dickdarm
204. Dickdarm - Feuchte Hitze im Dickdarm
205. Dickdarm - Hitze blockiert den Dickdarm II akut
206. Dickdarm - Trockenheit des Dickdarms
207. Dickdarm - Yang Mangel (Kälte)
208. Herz - Blut Mangel
209. Herz - Blut Stagnation
210. Herz - Feuer
211. Herz - Heisser Schleim verstopft die Herzporen
212. Herz - Kalter Schleim verstopft die Herzporen
213. Herz - Qi Mangel
214. Herz - Yang Mangel
215. Herz - Yin Mangel
216. Leber - aufsteigender Leber-Yang
217. Leber - Blut-Mangel
218. Leber - Blut-Stagnation
219. Leber - feuchte Hitze in Leber und Gallenblase
220. Leber - Feuer
221. Leber - Gallenblase Qi-Leere
222. Leber - Kälte im Lebermeridian
223. Leber - Qi-Stagnation